我的教育故事

于永正 —— 著
于 然 —— 编

上海教育出版社
SHANGHAI EDUCATIONAL PUBLISHING HOUSE

图书在版编目（CIP）数据

我的教育故事 / 于永正著；于然编. —上海：
上海教育出版社，2018.8
ISBN 978-7-5444-8736-8

Ⅰ.①我… Ⅱ.①于… ②于… Ⅲ.①小学语文课—
教学研究—文集 Ⅳ.① G623.202-53

中国版本图书馆 CIP 数据核字（2018）第 192367 号

策　　划　源创图书
责任编辑　董　洪　谢冬华
特约编辑　吴法源　郭晓娜
责任印制　梁燕青
内文设计　许　扬
封面设计　奇文云海

Wo De Jiaoyu Gushi

我的教育故事
于永正　著　于　然　编

出版发行　上海教育出版社有限公司
官　　网　www.seph.com.cn
地　　址　上海市闵行区号景路159弄C座
邮　　编　201101
印　　刷　北京华宇信诺印刷有限公司
开　　本　710×1000　1/16　印张 14.75　插页 1
字　　数　160千字
版　　次　2018年9月第1版
印　　次　2024年11月第8次印刷
印　　数　39,001—42,000 本
书　　号　ISBN 978-7-5444-8736-8/G·7233
定　　价　49.80元

如发现质量问题，请向本社调换　电话 021-64373213

出版说明

于永正，一个中国基础教育界"闪亮"的名字，一个令无数教育人景仰的名字。许许多多的老师，数百万计的读者和听众，无数的学生及家庭，都曾受惠于他的教诲和影响。"特级教师""跨世纪名师""劳动模范""国家有突出贡献的专家"……每一项荣誉都是一道田垄，刻着他在教育这块田里的辛勤耕耘。可抛却这些荣誉，他只是一个想让学生喜欢的老师、一个快乐地行走在教学道路上的教育者。如此而已。

而这条路，他一走就是一辈子。

2014年3月，先生患上了血液病，开始了近4年的治疗。在治疗间隙，他虽拖着病体，但仍笔耕不辍，特别是在生命的最后半年，他依然没有放下手中的笔，根据回忆撰写了30篇教育故事，期望把自己的教育经验，一一讲给更多的老师们听。

这30篇随笔是先生手写在本子上的，其中的十几篇甚至还没有来得及修改。由于连握笔都吃力，最后4篇可以说是名副其实的"草稿"，幸得先生的徒弟常猛老师一个字一个字地辨认、整理，才有了现在的模样。

我们将这30篇文章，以及先生患病期间陆续在媒体上发表的20余篇文章结集成册，希望这凝聚着他一生教育智慧的字字句句，能够给教育教学之路上的同行者以光亮。

先生曾感叹："假如时光倒退十几年，不要多，只十几年，再给我一次从一年级带到六年级的机会，再让我教一届小学生，把我现在相对的成熟献给学生，那该多好哇！"时光虽不能倒流，但我们相信，先生的生命正以另一种方式延续着。

谨以此书，献给于永正先生及广大读者。

源创图书编辑部

2018年8月

代序 / 他像一团火在燃烧

/ 吴非 /

了解于永正老师,主要靠读他的文章,再就是通过他活跃在小学语文界的弟子们的介绍。我无缘识荆,在于中、小学语文教学有点"隔",再有,也许是我的惰性了。及后得知他患病,则感到不便去叨扰:他太需要休息了。一个人做了那么多事,该有多累呀;读他最后的病中记事,仍然处处看得到燃烧的激情。

于永正老师像一团火,燃烧了自己,温暖了学生,也照亮了自己。一名教师,就这样完成了使命。我想,假如有来世,让于老师重生,他还会这样活。

吴法源君把于永正老师遗稿寄给我看,闻知这些文章是于老师病中之作,便读得分外仔细。那些不同情境下的问题以及应对的智慧中所体现的职业情操,令人感佩。人入老境,往往会回忆童年,于老师回忆的是他作为教师的往事,有些文章可能是他"职业童年"的记事了。入行时,好多老师都有期待,期待能做出成就,而最后可能会发现,其实做的都是具体的小事。在病榻上,于老师仍然怀着一颗童心,诉说着对教学和课堂真诚的爱。他能记得那么多小事,因为那些小事,学生得到了精神滋养，于永正也成为于永正。文中那些有名有姓的小学生，如今虽已年过半百，仍然能赶到于老师病榻前，给他系上红领巾，可见童年教育真是刻骨铭心。

在生命最后阶段，于老师能记住的，仍然是学生和课堂。这是他的职业境界。读着这些回忆，我仿佛看到了青年于永正和中年于永正，看到了他的教室、他的班、他的学生。激情与爱心，智慧和理性，一点一滴，点点滴滴，成就了一名教师的理想和荣耀。当年社会条件和物质基础很差，于老师能把一个个学生的冷暖记在心上，非常难得。我最为感动的，是他始终关心"普通学生"和"有困难的学生"，他的教育教学，引导着学生对文明的追求，让他们成为合格的人。他的学生，能记住童年教室里发生的事，记得老师四五十年前的一句话、一个眼神，并始终保持着对老师的感情和对教育的敬重。从这些故事中，我看到的是教育的"立人"，而看不到当今教育界流行的庸俗"成功学"。

一名教师，尽个人所能，帮助学生克服精神困苦，用自己的教学，用自己对学生的关怀，消除社会的不公以及人间的不幸。我觉得，于永正老师真像一团一直在燃烧的火，在学生面前，有热，也有光。书稿中《象牙筷子》一文所回忆的，是多年前的事，学生因父亲再婚缺乏安全感，于老师便想方设法引导学生接受新妈妈，温暖了一个家庭。在《想念贝贝》一文中，于老师在电视台录制课堂教学电视片时，特意多给身患绝症的上官贝贝发言机会，为的是尽量多地留下她的甜美笑容……对人世间苦难和不幸的同情，让于老师的教育教学充满悲悯之情。教育以"立人"为要务，于老师做到了。那些顽皮的学生、缺乏信心的学生、有心理问题的学生，遇上了有智慧的、有耐心的、有爱心的于老师，课堂有了生命之光，他们的道路也因此而敞亮。钱理群教授写过一本《中国教育的血肉人生》，这个书名一直震撼着我。真正有意义的教育，莫过于一位教师用个体生命点亮课堂，形成有血有肉的教育，而不是空洞的说教和例行公事的灌输。于老师用生命照亮课堂的同时，也感受到了职业幸福，实现了个人价值。

当今之世，保持朴素的理想，遵守教学常识，其实并不容易，很多人半途而废。但是，于老师一直走到了最后。其实，于老师的课堂，和所有老师的课堂一样，也有各种各样的"麻烦"，也有顽皮的学生，也有学习存在困难的学生。于老师的很多故事是我经验之外的，他的教育回忆，不讳言自己当年教育的粗放（比如用粉笔头砸顽皮的学生，对学生偷黄瓜的调侃，罚学生站到教室外面，等等），用今天的教育标准评价，可能有不合适之处，然而，当年那些不拘一格的教学以及与学生平等的沟通，帮助了学生，让他们改正了缺点。如同物体有"向心力"一般，学生也有"向师性"，他们尊重有经验、"有办法"的教师。于老师能获得学生的信任，不完全因为他的专业素养，更在于在学生眼中，他是一个值得信赖的人，一个活生生的人。

在教育教学中，教师其实和学生共同成长。教师把"教"的过程也当成个人的"学"，就有可能实现最好的"教"，因为能让学生感受到教师和他们一起在"学"，"教学"就实现了。成长为"会教"的教师，通常比一般人善于思考。《对话，一扇窥见自己和学生的窗口》一文中有个细节，学生张莉受伤后，医生夸这个学生"是最能把自己的病情叙述清楚的孩子。她不但口齿伶俐，而且有礼貌、有教养"。

语文教育所要做的，不正是这些吗？在这里，小学生张莉的语文和医生的语文，都进入了语文教师于永正的观察视野。在《中庸的智慧》一文中，于老师认为"所谓'中庸的智慧'，说白了，就是做事要把握好度"，又说"其实，我的教育故事，都是用中庸的智慧写成的"。于老师想说的，也许就是兼有"适时"和"正确"的教育。我们在教育教学中，是不是可以再"慢"一些，再有耐心一些呢？我们有属于个人的思考和感悟，才有可能体会教育工作的趣味。

  曾看到那么多中青年教师追随于老师学习，我就想，他该有多辛苦，早晚有一天，他要燃尽自己的。不过，我也因此想到，他在做这一切时，必定甘之如饴；而他对小学语文教学的深远影响，也如播火一般。鲁迅有言："石在，火种是不会绝的。"(《且介亭杂文二集·"题未定"草》) 于永正老师写完了他的故事，所留下的火种自然也会点亮更多的课堂，你的，我的，他的。在不可知的情境下，无数奇迹般的故事即将出现。教育的魅力，常常就在于教师的恒心与智慧。上好一节课未必有多难，可要想让每节课都能保持职业品质，一节一节地上，目送一届一届学生走出校门，让课堂、学校和教师像画面、像雕像一样，成为学生的记忆符号，成为他们一生"精神底子"的一部分，则要像于永正老师那样去做。

2018 年 8 月 6 日

目录
CONTENTS

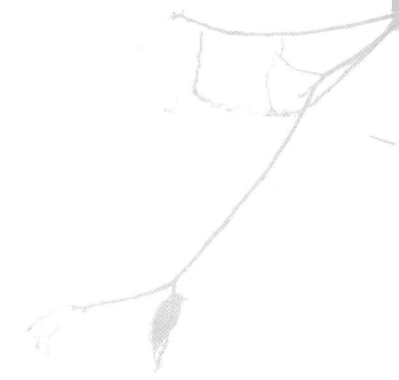

| 辑一 | 我的教育故事 | / 001 |

1. "儿童，往往因错误而美丽" / 003
2. 故事中的故事 / 006
3. 洗头 / 009
4. 对话，一扇窥见自己和学生的窗口 / 012
5. 随机应变 / 015
6. 放学路上 / 018
7. 字的故事 / 022
8. 想念贝贝 / 025
9. "老班长" / 029
10. 他脸上终于有了阳光 / 033
11. 规矩 / 037
12. 不让地里长草，就种上庄稼 / 041
13. 钓鱼的故事 / 046
14. 游泳 / 050
15. "军营一日"故事集锦 / 053
16. 大余乡中心小学纪行 / 057
17. 一句话的事 / 063

18. 粉笔头的故事　　　　　　　　　　　　／068

19. 家访的故事　　　　　　　　　　　　／071

20. 中庸的智慧　　　　　　　　　　　　／076

21. 雪中送炭　　　　　　　　　　　　　／082

22. 红领巾的故事　　　　　　　　　　　／087

23. 象牙筷子　　　　　　　　　　　　　／091

24. "多看美的东西"（一）——赏菊的故事　　／095

25. "多看美的东西"（二）——春游的故事　　／100

26. 艺术求变　　　　　　　　　　　　　／104

27. 《望月》的教育故事　　　　　　　　／109

28. "猜猜，我会说什么"——游戏化的语文教学故事之一　　／114

29. "看谁写的和老师一样"——游戏化的语文教学故事之二　　／118

30. 说话算话　　　　　　　　　　　　　／122

| 辑二 | "我就是语文"　　　　　　　　　　　　　　　　/ 125

1. "我就是语文"　　　　　　　　　　　　　　　　/ 127
2. 我小时候是怎样读书的
   ——读绘本故事《猪八戒吃西瓜》想到的　　　　/ 130
3. 培养学生"良好的语文品质"　　　　　　　　　/ 134
4. 从贾老师的"神机妙算"说起　　　　　　　　　/ 137
5. 精彩，历久弥新　　　　　　　　　　　　　　　/ 140
6. 教学，呼唤"实打实"　　　　　　　　　　　　/ 143
7. 教学，呼唤"手把手"　　　　　　　　　　　　/ 146
8. 教儿童学语文，靠的是"示范"　　　　　　　　/ 149
9. 板书之我见　　　　　　　　　　　　　　　　　/ 151
10. 努力，从写好一个字开始　　　　　　　　　　/ 154
11. 识字教学的起点不是零　　　　　　　　　　　/ 157
12. 学校的名片　　　　　　　　　　　　　　　　/ 160
13. 旧话不旧　　　　　　　　　　　　　　　　　/ 163
14. "打赌"　　　　　　　　　　　　　　　　　　/ 166
15. 由"教过了"想到的　　　　　　　　　　　　/ 169
16. 语文教学"九字诀"　　　　　　　　　　　　/ 173
17. 也谈"语言积累"　　　　　　　　　　　　　/ 176
18. 重在"转化"　　　　　　　　　　　　　　　/ 180
19. 素质教育，其实是教师素质的教育　　　　　　/ 183

| 辑三 | 我的小学老师 | /191 |

| 辑四 | 病中"吟" | /203 |

| 后记 | 让生命在文字里延续（于然） | /221 |

辑一 我的教育故事

与学生在一起的快乐时光。／摄于 2013 年／

1. "儿童，往往因错误而美丽"

一天下午放学后，小虎和小乾对我说："于老师，我们俩……我们俩向您承认错误来了。"说完，把头低了下去。

"哦？犯什么错误啦？"

小虎说："其实，这件事不能怪小乾，怪我。前天早上，一到学校，我就对小乾说，今天考数学，如果你听到我咳嗽，就说明我遇到难题了，你就故意举手向监考老师提个问题，吸引老师的注意力，我这边就趁机偷看同桌的卷子……"

"一共咳嗽了几次？"我笑问。

"两次。"

"那就是说，你偷看了两道题？"

"可是试卷发下来，同桌得了 100 分，我却只得了 95 分。"

"为什么？"

"有一道题我抄错了。"

我笑起来。小虎也忍不住笑出声来，但只笑了一声便停了下来，并立刻把头垂了下去。

我抚摸着小虎的脑袋，说："别看咱们小虎长得虎头虎脑的，脑袋瓜儿里竟装满了智慧，想出个声东击西的计策！看你们这般诚实，我也学你们'诚实'一下，讲一个我小时候的故事。"

这个故事发生在我读小学五年级的时候。那是一个秋天的下午，我和另外两个男同学放学回家，路过一片梨园——这是回家必由之路——看着满树的大梨，闻着空气中弥漫着的梨子的香味，心里痒痒的，于是我们决定用"调虎离山"之计，偷摘几个梨吃。商量好后，我和贵善同学向守园的一位老爷爷跑去，装着上气不接下气的样子说："爷爷！有个小孩儿在东边偷梨！"边说边拉着爷爷向东走。一连穿过了好几行梨树，也没见个人影儿——这本来就是没影儿的事，哪里会有人影儿？贵善说："爷爷，那个小孩儿可能听见动静，跑了。"我的另一个同学延延呢，趁我们离开的当儿，摘了几个大梨，溜了。守园的爷爷张望了一会儿，说："小孩儿摘个梨吃不算偷。"说完，顺手从树上摘下两个大梨递给我们，"拿着吃吧——哎？刚刚见你们不是三个人吗？来，给那个同学也捎一个。"说完，又从树上摘下一个。我捧着三个大梨，顿时觉得脸发烧，半天说不出话来，后悔不该出这个"调虎离山"的坏主意！

故事讲到这里，小虎问："后来，你们承认错误了吗？"

"没有，我们没有你们这样的勇气。不过，事过不久，老师还是知道了。因为我们曾得意扬扬、绘声绘色地把这件事讲给很多同学听，可能就传到老师耳朵里去了。"

小乾问："老师知道后，批评你们了吗？"

我说："一句话也没批评。"

于是，我又讲了这个故事的"后续故事"。

一天，班主任徐老师把我们三个人——贵善、延廷和我——请到了办公室，先淡淡地一笑，然后说："好一个'调虎离山'之计！是谁想出来的？"

我们三个都说是自己想出来的。

徐老师从座位上站起来，把我们一个一个地端详起来，好像刚刚认识我们似的。过了一会儿，他对坐在对面的王校长说："多么淘气而又可爱的孩子！"

王校长也站起来，缓缓地说："是啊，这就是儿童。儿童，往往因错误而美丽呀！"

讲到这里，两个小家伙笑了。我也像当年徐老师端详我们一样，端详着小虎、小乾稚气的脸庞，说："今天，于老师也把我的校长当年说的这句话送给你们——'儿童，往往因错误而美丽！'"

他们俩又笑了，并扬起了头，深情地看了我一眼，跑了。

2. 故事中的故事

这节课要教的课文是三年级的《森林爷爷》。

上课不到 10 分钟,坐在教室最后的小承和同桌的小朋友就动起手脚来。我正欲到后排制止,教室左右各有一女生几乎同时报告同桌的男生欺负自己。咦?怎么一下子狼烟四起了?没见有人煽动啊!我最怕"星星之火"一下子形成"燎原"之势。

我镇定了一会儿,大声说:"小朋友们是不是累了?现在我给大家讲个故事。"我说话时,眼睛一直盯着小承。我们的目光一相遇,小承立刻坐端正,左右两边也平静下来。于是,我开始讲故事:"从前,有两只兔子,一只叫小白兔,另一只叫小黑兔,他俩不但同班,而且同桌。一天早晨,在上学的路上,小白兔发现小黑兔捂着肚子在前面走,嘴里还不断发出'哎哟哎哟'的呻吟声。突然,小黑兔'哇'的一声倒在地上,抱着肚子直打滚。小白兔来不及多想,立刻把小黑兔背到学校医务室。校医看了看,给了小黑兔两片药,他吃了药没过一会儿就好了。当两只小兔子来到三年级二班的教室时,班主任于老师正在教《森林爷爷》。于老师请刚坐下来的小黑兔读课文第二段。——这位小黑兔是谁呢?他不是别人,就是咱班的小承!"

故事讲到这里,全班学生哈哈大笑起来。小承红着脸,不好意思地站起来，捧起书念起来：

风魔王来了。他带领着千军万马横冲直撞。森林爷爷和他的千万个子孙排得密密层层，好像铜墙铁壁。

风魔王大吼着："谁敢阻挡我的大军前进，我就把他撕得粉碎！"森林爷爷在阵前，威风凛凛地说："魔鬼，你想跑来害人吗？快给我滚开！一步也不许你向前走！"

小承读完第二段，我又请左右两个欺负女生的小男孩儿分别读了三、四两段写森林爷爷战胜雨魔王、旱魔王的故事。

马不停蹄，紧接着我又绘声绘色地朗读了全文。我略带夸张的语气、神气活现的表情，把森林爷爷、风魔王、雨魔王、旱魔王读活了，赢得了学生会心的笑声，然后他们纷纷学着我的样子大声朗读起来。

模仿是儿童的天性。好的朗读能激起学生朗读的兴趣。

然后，分组赛读，男女生赛读，师生赛读；然后——然后不知不觉下课铃响了。小朋友竟然不相信自己的耳朵："是不是提前拉铃啦？"

我执教《森林爷爷》这件事是真实的教学故事，其中插入的"小黑兔和小白兔"的故事，则是我临时杜撰的。我刚参加工作时，一遇到班级里出现混乱局面，便束手无策，只好采取强制手段，加以"压制"，例如厉声呵斥，或者把闹事者拉到教室外罚站。后来，我聪明了，学会了冷静、镇定，遇到问题，一般情况下不再瞪眼、发火。有一次，课堂上有两个小朋友为了一块儿橡皮争吵得差一点拳脚相加。我语气平静而真诚地对其中一个大个儿男生说："这节课要默字，我忘记把默字本抱来了,请你赶快到办公室帮我抱来。本子就放在我办公桌上。"他二话没说,飞快地跑了出去。课堂立即风平浪静了。

如果说"强制手段"是"硬实力",那么,请这位大个儿男生去办公室抱本子,还有在课堂上讲"小黑兔和小白兔"的故事,便是"软实力"。"软实力"既不会伤害学生,也不会伤害教师自己,而且效果更好。

"软实力"的别名叫"包容"。包容,是教师的心态、文化、修养和智慧的综合体现。"软实力"越强大,教师的教育就会越得心应手,收放自如。

3. 洗头

一天上午,一位中年女士推开教研室的门,冲着我喊了一声:"于老师!"然后径直来到我跟前,说:"老师,您还认识我吗?"我说:"你是张玲侠!虽然你变化不少,但头发没变,还是黄黄的自然卷儿,像染过、烫过似的。小时候,人家喊你黄毛丫头,你还不高兴,看,现在时髦了吧?"

她一下子伏在我的肩膀上哭了,说:"于老师,您的头发怎么变白了?!"

我说:"我的满头白发是染的!质量保证,永不褪色。"

玲侠说:"人哪有把黑发染成白发的?除非是演员。"

我笑了,说:"这是时光老人染的。如果我没记错的话,你离50(岁)不远了吧?你想,你过了年就50岁了,我多大了?今年63啦!"

玲侠拭去眼角的泪花,说:"于老师,您记性真好。"

许多年前,我刚从师范学校毕业,来到江苏省徐州市搬运工人子弟小学三年级执教,张玲侠就是二班的学生。开学十几天以来,我从未见玲侠戴过红领巾,一问中队委宋霞,才知道她学习不好,又不讲卫生,头上还生虱子,所以没有人同意她入队。

我和宋霞约定给她梳梳头,篦篦虱子。

一天下午放学，我把玲侠留下来，宋霞果然从她头上篦下来了虱子。一不做，二不休，我叫宋霞到男教师宿舍取来我的脸盆、毛巾、肥皂，在茶炉房我和宋霞帮她洗了洗头。临走时，我对着她的耳朵，悄悄地说："明天早上把头梳好，再换件干净的衣服来上学。"

第二天早上我进了教室，见玲侠果然焕然一新！她换了一件干净的衣服，自然卷曲的黄发也有了光泽。我对全班同学说："看，张玲侠同学今天多精神哪！"

之后，我经常找个理由表扬她，什么"这次默字全对"啦，什么"今天做广播操动作到位"啦，等等。

一天，我悄声问她："玲侠，想不想戴上红领巾？"

"俺不够条件。"她一下子耷拉下了眼皮。

"努力争取！入队的时候于老师亲自为你戴上红领巾。"

平时，我加大了表扬张玲侠和另外几个没入队的小朋友的力度。元旦前夕，全体中队委一致同意张玲侠和另外未入队的小朋友加入中国少年先锋队。元旦那天，当亲自为他们佩戴上红领巾的时候，我看到了他们噙在眼里的泪花。是呀，大多数同学一二年级就入队了。这一天，对他们来说，来得太迟了。在红领巾的映衬下，张玲侠那一头卷曲的黄发更有光泽了。

更让她没想到的是，第二年清明节，我让她和班里的另外四名同学代表全班队员，参加了淮海战役烈士纪念塔的落成典礼。

2005年教师节，我们师生聚会。张玲侠一再举杯感谢我当年为她洗头、戴红领巾、让她参加淮海战役烈士纪念塔落成典礼。她说："让我参加淮海战役烈士纪念塔落成典礼，是我万万没想到的。这可是我人生中永载史册的大事！正是从那以后，我才有了自信。"

是的，弱者更渴望老师的同情和体贴，更需要老师的关心和帮助。一件很小的事，一次真情的谈话，往往能让弱者有了信心，使他们的内心变得强大起来。当时我的想法很简单：让玲侠抬起头、挺起胸来。

4. 对话，一扇窥见自己和学生的窗口

　　1987年春的一天，我和邓老师带领徐州市鼓楼小学二年级一班的小朋友，到距徐州不远的著名风景区皇藏峪游览。皇藏洞口前，是一个很陡的大斜坡。张莉忘记了我反复强调的"下坡不要跑，要侧身下"的要求，竟不知深浅，朝山下跑去，结果速度越来越快，刚到中途就一个"前滚翻"滚了下去，立马头破血流。卫生老师立即为她进行了包扎。

　　回到市内，我请邓老师把学生带回学校，我带张莉去她父亲所在单位的医院诊治。平时张莉就在这所医院看病。一位女医生一见张莉，还没等我开口，就说："这孩子我熟悉，在同龄人中，她是最能把自己的病情叙述清楚的孩子。她不但口齿伶俐，而且有礼貌、有教养。你们家长教育有方啊！"

　　显然，医生把我当成张莉的家长了。

　　张莉说："阿姨，是俺老师教育有方！这是俺于老师！于老师从一年级就教我们说话、写作文。俺于老师是特级教师呢！"

　　张莉说的说话和写作文，就是我们的说写课，是我在他们班进行的"言语交际表达训练"实验。这项实验的宗旨，是"从社会生活言语交际的实际需要出发，为社会生活言语交际的实际需要服务，在活

动中进行综合的说写训练"。它包括口语交际和书面语交际两个方面。我所有的教学课例，都是根据生活中言语交际的实际需要设计的。

女医生连忙向我道歉，说："对不起！我还以为您是她爷爷呢。"

我忽然憎恨起我的白发了，它无端地让我的实际年龄陡然增长了十几个百分点。当年我才 40 岁多一点！

医生检查完，说："只是摔破了头皮，缝两针就行了。"

我松了一口气。

张莉面无惧色，在缝合的过程中，一声没吭。

在送张莉回家的路上，她拉着我的手，无所不谈。

"于老师，你知道吗？我们同学都喜欢你。"

"是吗？喜欢我什么？"

"喜欢你写的字，喜欢你唱京戏，喜欢你的课，还喜欢你带我们玩儿，就像今天来皇藏峪。"

"哪怕摔个头破血流也在所不辞，对不？"

她腼腆地笑了。停了一下，她又说："对了，于老师，有的同学用笔描你写的作文批语，你千万不要生气，那是我们在'描红'，想学你的字！"

"哦？原来是这样！下次上说写课时，我一定向'描红'的小朋友们道歉，于老师错怪他们了！"

"还有，于老师，我的好朋友许萍偷偷地对我说过：'这学期，于老师在班里已经读过你的作文两次了，可我一次还没有……'还有，您说奇怪不奇怪，我觉得我的作文写得并不好，怎么听你一读，就觉得不错了呢？"

我说:"三分文章,七分读。好多文章,一旦动情地朗读出来,就会给人留下深刻印象。所以你要好好练朗读。"

我边走,边思考张莉说的许萍的话。

"于老师,我再告诉你一件事。这几天,你经常表扬我的同桌小军,说他上课听讲比以前专心了。他是表面装的!他经常在座位下面用脚撩我,再不然,就是把废纸往我桌洞里塞,叫我做好事。他的鬼点子可多了。"

"哦?这样的!"我笑了,"他出过什么鬼点子?"

"上次考数学,他有一道题不会做,故意装着向我借橡皮,趁机偷看我的。"

听了她的描述,我脑海里立刻出现了小军的形象。

说着说着,我们便来到了张莉的家,我向张莉的妈妈说明了情况,并向她道歉。张莉妈妈说:"咳,于老师,千万别说这些,您对学生这么关心,我们感谢都来不及呢!孩子回家,经常夸您。孩子能跟您读书,是我们的福分!孩子不出门还能碰破皮呢,破点皮算啥!"

因为我把学生当作朋友,学生也把我当作朋友,所以,无论在课堂上,还是在其他场合,教育成了真正意义上的"平等对话"。在这样的对话中,我窥见了学生,也窥见了自己。

5. 随机应变

从凌晨到现在，纷纷扬扬的大雪已经下了五个多小时了。

我爱雪，小孩子们更爱雪。我站在雪地里，一边观赏，一边构思写雪的散文。学生们则在积雪厚厚的操场上嬉戏着，叫着，跑着，与雪花共舞。上课铃声响了，依然有学生充耳不闻、我行我素，在操场上打雪仗，想考验老师的忍耐力。

我忽然想起一位英国老师的故事。也是个下雪天，上课时孩子们魂不守舍，一个劲儿地向教室外张望。看得出来，他们想欣赏雪、玩儿雪，想享受雪带来的欢乐。这位老师立刻决定，让学生们到操场上去，与雪亲近个够。等到学生们玩儿得尽兴了，回到教室后，老师让每个孩子写一句关于雪的话。只写一句。孩子们写完后，老师按照诗歌的排列形式，一句一行地把这些句子写在黑板上。英国的班额小，每班只有二十来个学生。一人一句，也就二十来句。老师指着黑板上排列的二十来个句子，高兴地说："小朋友们，这是我们创作的一首关于雪的诗！"说完，带领学生们尽情地朗读起来。其实，这哪里是诗？句与句之间既没有内在的逻辑联系，又不押韵，只是徒具诗的形式而已！但学生们却相信，这就是诗！通过观雪、玩儿雪、写雪，学生们不仅获得了感受，获得了体验，也获得了初步的表达能力。想到这里，我对已经进了教室的学生们说:"继续到操场上去玩儿吧!这是难得的机会。"

的确,机会难得。学生们欢呼雀跃,差一点"山呼万岁"。

偌大的操场上,只有我们三年级一班的小朋友们在尽情地撒欢儿,享受着大雪带来的喜悦和欢乐,真有"海阔凭鱼跃,天高任鸟飞"的感觉。有的打雪仗,有的堆雪人,有的滚雪球儿,有的在雪地里无目的地奔跑。

有几个男生和几个女生的雪仗打得十分激烈。女生王莎几乎"弹"无虚发,几个男生且战且退,似乎只有招架之功,而无还手之力了。我高声为男生加油,正喊得起劲儿,后脑勺儿被一个雪团击中,雪沫儿钻进了衣领。远处王莎又大喊一声:"于老师,看球!"一个小雪球儿又击中了我的腰部。我为了避免第三次被打,连忙举起了双手,表示投降。

王莎和几个女生笑着向我跑来。她边跑边说:"对不起,于老师!我不该打你的后脑勺儿。打疼了吧?"

"不疼,不疼,"我说,"都怪我后脑勺儿有个大疙瘩,高出一块儿,目标太大。不过,这个大疙瘩可不是一般的肉疙瘩,这叫'智慧球儿',如果打坏了,我没了智慧,可就不能当你们的老师了。"

王莎和几位小朋友哈哈大笑着连忙跑到我身后,认真地看了看我后脑勺儿上的"智慧球儿",似乎也想确认一下我到底受没受伤。

玩儿了大半节课的时间,学生们才回到了教室。他们红扑扑的脸蛋上洋溢着快乐和满足。

教室安静下来以后,我用蓝色粉笔在黑板上写了一个大大的美术字——"雪",然后又用白色粉笔在每条横上点缀了"雪花"。我回过头来，对学生们说："这是本次作文的题目，你们围绕'雪'字，写什么都行。可以写雪景，也可以写你们在雪中是怎么玩儿的。"

王莎写的《"智慧球儿"被我击中了》最有意思。至今我还能记得其中几句话：

我看于老师偏向男生，心想，得教训教训他。我迅速团了一个大雪球儿，趁于老师正喊得起劲儿的时候，用力向他砸去。只听"啪"的一声，雪球儿在他的"智慧球儿"上开了花。

我写的《不该多嘴》也得到了同学的喝彩，其中有这样的句子：

我正在起劲儿地高喊："男同学加油，男同学加油！"冷不防，一个雪球儿击中了我的后脑勺儿。疼倒不疼，就是雪沫儿落到脖子里冰凉冰凉的，挺不舒服。我还没看清是谁砸的，又一个雪球儿砸中了我的腰。要不是我双手举得快，还不知会有多少雪球儿接二连三地向我飞来呢！

此后，在很长一段时间内，王莎和一些小朋友一看到我的后脑勺儿就忍不住笑。"智慧球儿"的故事，在学生和部分家长中一时传为笑谈。

6. 放学路上

每天放学回家，我和班里的亚楠、小璐、小苏、小闽、维维、彭明、小明等学生同路。还有几个学生虽不同路，但他们宁愿绕点弯路，也要与我同行，共度一段哪怕只有十几分钟的时光。

学生们簇拥着我慢慢走着，我们天南海北，无所不谈。

一次，亚楠问了一个很有意思的问题："于老师，您上小学时是个怎样的学生？"

"从哪里说起呢？"我笑问。

"就从学习说起吧。"

"从考试成绩看，我不是好学生。全班四十来个学生中，我只能算中等。"

"您的字一定写得好，还有作文。我们都喜欢您的字，喜欢您写的作文。"

"是的，小时候我很喜欢写字，但写字水平在班里并不突出。因为喜欢写字，在中学、师范读书的时候，就不断地练。真正把字写得有点样子，是当了老师以后。因为我备课时，也备写字，凡是要求学生写的字，我都照着楷书字帖练。久而久之，写字水平就提高了。小学时我的作文写得还可以，经常受到老师表扬。我还喜欢画画儿。"

"您现在还天天练字？"小苏插话。

"练，凡是要求你们写的字，和你们一样，我都照着字帖描红、仿影、临帖。有时还练草书。我买了很多字帖，乾隆皇帝主持编刻的《三希堂法帖》我都买了，经常翻开欣赏、临写。"

小明问："于老师，怎样才能把作文写好？"

我说："我读书比一般人多一个目的，那就是看作家是怎样写文章的，向作家学习写作文。抱着这个目的读书，我就细心了，速度就放慢了，连标点符号都看在眼里，记在心里。"

彭明问："您小时候调皮吗？"

我说："很调皮。所以我对调皮的学生常常'网开一面'。"

"就是放他一马。"

"是的。因为我小时候比他们调皮得多，所以我从不认为调皮的学生、考试成绩不好的学生是'差生'。我小时候很调皮，学习成绩一般，数学有时还考不及格，但是老师从来没说我是差生。如果差，我今天还能当你们的老师吗？咱们班有调皮的学生，有学习成绩一般的学生，但没有差生。这些学生将来走入社会，可能比学习成绩好的同学还优秀呢！"

一位三十多岁的与我们同行的男士突然插话说："唉，当老师的，都能像您这样就好了！"

彭明调皮地说："叔叔，您小时候是不是也像我们一样调皮呀？"

那位年轻人朗声说道："我小时候不是一般的调皮，而是捣蛋！"

我和学生们都笑了。维维和小明笑得最舒心。

还有一次，放学路上维维怯怯地问我："于老师，小时候，您考试不及格的时候,您爸妈打您吗?"

"没有呀,从来没打过我。"

"您爸妈多好哇!"

"是啊!"小明也随声附和。

我听出了两位学生的"话外音"。心里想,我会找你们家长"算账"的。

维维又问:"您上学时,家庭作业多吗?"

"我从小学一直读到师范,从来没有家庭作业,连寒暑假都没有作业。"

"您的老师真好哇!"同行的几位同学异口同声!这言外之意不是明摆着吗?

我陷入了沉思。望望背着沉重书包的学生,想想我的成长之路,我问自己:"学生究竟要做哪些作业?做什么作业对学生的终身发展有好处?"

从此之后,我决定让学生有选择地做练习册上的题;不久,干脆把练习册废了,一题不做;再不久,我把写日记改为写周记—— 一周写一篇;再再不久,把周记也废了,只要求学生每周写一篇作文。家庭作业只有三样:练字、练琴(我班每人都学一种乐器)、读课外书。只是每次临近考试了,才指导学生做几张练习卷,让学生见识见识、熟悉熟悉题型。我这样做,丝毫没影响学生的考试成绩,他们考的分数反而更高。退一步讲,即使考个年级平均分,我们也成功了,因为除了分数外,我们还收获了很多很多比分数更重要的东西。

孩子大了,问的知识性、探究性的问题多了起来。

一天,小明说:"于老师,《五柳先生传》我昨天用了一个多小时就背下来了,四年级时背《出师表》花了四五天时间呢!背书是不是越背越快呀?"

我说:"是呀,记忆力也是锻炼出来的。背的过程,就是增强记忆力的过程。脑子越用越好,久而不用就生锈了。陶渊明还有两篇著名的散文——《桃花源记》和《归去来兮辞》,都不算长,你可以接着背。"

"《五柳先生传》真的是陶渊明的自传吗?他真的'不戚戚于贫贱,不汲汲于富贵'吗?"

"小明,你不但读书了,而且思考了,这是更难能可贵的。这个问题,我暂不回答,等你背会了《桃花源记》和《归去来兮辞》,再找些介绍陶渊明生平的文章看看,咱们再交流。好不好?"

…………

上面记的,只是几年来我们师生放学路上交谈的只言片语。

在学校,我和学生本就走得很近,出了校门,我和学生就完全成了朋友。从这些"路边谈话"中,我对学生的生活、家庭、思想以及他们对老师的期许,有了更全面、更真实、更准确的了解。一句话,从与学生的无拘无束的交谈中,我了解到了学生最真实的学情,得以及时调整自己的教学内容和策略,从而修正教育、教学的方向。

7. 字的故事

2017年8月9日，在上海工作的学生刘劼平到徐州来看我。这是自我2014年生病以来，她第二次到我家来了。

我送给她一本《做一个学生喜欢的老师——我的为师之道》。

"当作纪念吧！"我说，"书里几次提到你，还有我们的照片。"

她要我签个名儿。我用行书在扉页上题写了"赠刘劼平同学，于永正，二〇一七年八月九日"。

她端详着我的字，说："于老师，您的行书这么漂亮、这么潇洒，我还是第一次看到呢！上小学的时候，您在黑板上、作文本上写的可都是端端正正的楷书。"

"此一时，彼一时。那时你们小，所以写给你们看的字力求规范，入楷书之体。现在你们大了，写得就随意一些了。"

顿了顿，我又说："现在有些后悔了，你们上高年级时，应该适当教你们练练行书，甚至草书。比如'的、地、得、学、事、青、望、看、解、高'等使用频率高的字，还有你名字中那个'平'字，完全可以写行草，因为行草使用起来更便捷。"

劼平说："读小学时，您和杨老师（即班主任）天天用20分钟指导我们照着字帖练字。您说的'字是人的第二张脸，是人的一张名片'，我们都牢记在心。快升学考试了，您还让我们天天坚持练字。别的班的同学呢，天天做练习卷，在学校做，在家也做，他们都烦死了，我们却很轻松。他们都很羡慕我们班。结果呢，考试成绩也并不比我们好。"

我说："字写好，书读好，文写好，语文不会考差。2002年咱们班48位同学，有41位考上大学，就是证明。"

劼平接着说："读小学时，在班里我的书写水平只能算中上等，因为我们字写得好的同学太多了。可是到了中学、大学，我就是佼佼者了。楷书练好了，改行书也容易。一直以来，我见到写得好的字就临摹，所以书写水平不断提高。我老公是我大学同学，字写得很臭。他追我的时候，我说，想和我交朋友？请买本字帖好好练字！什么时候你的第二张脸好看了，什么时候谈！"

我们师生二人仰天大笑。

我说："大书法家欧阳中石教授说，'字不是练出来的，是照着字帖临出来的'。的确如此。"

写到这里，我不禁想起学生宋霞的故事。

有一年，徐州市木柴公司招收一批工人，宋霞被录取了。一位领导在审阅履历表时，发现宋霞的字写得很清秀，便对其他几位领导说："字写得如此好的年轻人不多。这个人做事肯定专心、细心、用心。咱们公司会计室正好缺人，叫这位年轻人到会计室，学做会计怎么样？"就这样，宋霞被分到了会计室学做会计。一干就是几十年，直到退休。

每次师生聚会时宋霞几乎都谈及此事。她说："要不是跟于老师上了三年学，练了一手比较好的字，我哪能有今天！当年，于老师不但教我们练楷书，还教我们写隶书和美术字，那时我都练入迷了。"

顺便再讲一个我弟子朱文珊的女儿魏莱的一个小故事吧。

魏莱升入初中的第一天，军训。一天下来，同学们个个汗流浃背，精疲力竭，班级纪律十分涣散。老师大怒，下午放学时，责令每人回家写检查，明天一早带来。第二天早晨一到校，魏莱和其他同学一样，把"检查"交给了老师。没想到等集合铃声响过，同学们站好了队后，老师说："同学们的检查我都看了。写得最好的是魏莱同学！她内容写得好，字写得更好！这说明她对自己负责，对老师负责，同时也尊重老师！"说完，把魏莱的"检查"高高举起让大家看。

老师问魏莱："你是哪个小学毕业的？"

魏莱答："大马路小学。"

"哪位老师教的？"

"刘杰老师教的。"

刘杰老师也是我的徒弟，是小学语文特级教师。她本人就写得一手好字，平时十分重视写字教学。她的学生在她的影响和指导下，字都写得中规中矩。

写好字，是"儿童的语文"的应有之义。家长把孩子交给我，六年下来，如果连字都写不成样，我这个老师不问心有愧吗？

教儿童学语文都是些很实在的事，必须实打实地教，手把手地教。唱"高调"，提些虚幻的莫名其妙的口号徒劳无益。有人从未教过小学、中学，竟也对基础教育说些不明不白的话，对老师指手画脚。建议真正关心教育的理论家能深入基层，最好和老师们一起上上课。只有实践，才能回答什么是正确的，什么是错误的；什么是该做的，什么是不该做的；该做的怎么做，不该做的怎么避免。

8. 想念贝贝

贝贝是我教过的一位女学生，从一年级教到五年级。她所在的班是一个五年制班。

她复姓上官，名贝贝。老师和同学都叫她贝贝，一来亲切，二来省事。

贝贝细高个儿，皮肤白皙，标准的瓜子脸上嵌着一双水灵灵的大眼睛，两条修剪过似的细眉，微微向上挑着，显得十分精神、秀气。她喜欢笑，但多数情况下是笑不露齿。她的笑意，一般是通过眼睛和嘴角以及嘴角旁边的小酒窝表露出来的，很含蓄。东方女孩儿的古典美似乎都集中在她身上了。

贝贝能歌善舞，且弹得一手好琴，钢琴、手风琴都拿得出手。每年春节，我都会把全班学生分成几个小组，分别去慰问老教师。升入四年级（1989年）的春节，我带领贝贝所在的小组去慰问特级教师孙秀英。组长高原读完了慰问信，全组同学合唱《新年好》，贝贝拉手风琴伴奏。然后，每个小朋友把亲手制作的贺年卡赠送给孙老师，并说一句祝愿的话。接着小朋友们一齐朗诵诗歌，最后我清唱了一段京剧。孙老师感动得老泪纵横，双手握着我的手说："谢谢于老师，谢谢你的学生！这些孩子知书达理，能歌善舞，能说会道，多么可爱呀！拉手风琴这个小女孩儿多讨人喜欢！都是你于老师教得好哇！"

我对孙老师说:"我希望我们班的学生,在教室里是一个学习的团队,在舞台上是一个文艺的团队。每次听我们班学生的器乐合奏和大合唱,我都觉得是最美的艺术享受,都会感动得热泪盈眶。"

那年,孙老师的儿子——著名书画家程大利先生正好回家探亲,当场为我们班画了一幅国画,写了一幅字。

临走时,懂事的贝贝拉着孙老师的手,仰着含笑的小脸蛋说:"孙老师,明年春节我们还来看望您!"

1989年,在全校庆祝"六一"儿童节的演出大会上,由贝贝等八位女生代表我们班表演了一个舞蹈。这个舞蹈欢快活泼,节奏鲜明。八位小演员手中的红绸带上下飞舞,满台生辉。贝贝的表情最为甜蜜。八位小朋友的连续前手翻,赢得了台下观众的热烈掌声。

八位演员之一的赵星说:"我们好好练,争取明年'六一'再登台!"

贝贝说:"对!明年咱们排个难度更大的!"

我说:"于老师预祝你们成功!"

同年,在我班举办的"六一"作文大赛上,贝贝又获得了个一等奖。每年"六一"我都要举行作文比赛,每次比赛对学生来说都是一场作文盛宴。每次比赛我们都会评出一、二、三等奖,每人都有奖,奖品是我的赠书。每本书上都有我的题词和签名。这年,我在贝贝书上的题词是:"贝贝,期待1990年'六一'儿童节!"

但,天有不测风云。1990年元旦过后不久,贝贝因头疼住院,医生诊断为肿瘤,不久就为她做了切除手术。贝贝出院不久,我和朱校长以及班级两位同学到她家里去看望她。那天,北风刮得紧,十分寒冷。贝贝妈妈见我们来了,眼泪唰地流了下来,又怕贝贝看见,赶忙转身用手绢把泪拭干。

贝贝头戴一顶黄色绒帽，站在床边，浅笑着。

朱校长说："贝贝，你看都是谁看你来了？"

贝贝恬静地一笑，一一说出了我们的名字。

我见贝贝的记忆力没因手术受到影响，高兴地说："贝贝，老师和同学们都想你啦！"

贝贝说："我也想老师和同学们。"

停了一会儿，她又对妈妈说："我想上学，我想上于老师的作文课。"

朱校长说："你现在好好养病，等病好了再到学校学习。"

我说："你回校以后，我一定把作文课上得更好！"

寒假过后，贝贝重返学校，走进了她久违的教室，见到了她想念的同学们。

上课时，我给她的发言机会比以往多了。在中国教育电视台和徐州电教馆录制我的课堂教学电视片时，我给她的发言机会最多，我想把她的形象尽量多地留下来。

我做对了。

就在即将毕业的前夕，贝贝的病复发了，再次住进了医院。没过多久，她那双美丽的大眼睛永远地闭上了。

学生们为失去了一位好同学而悲恸，老师们为失去了一位优秀的学生而难过。

上课时，我还习惯地、不时地向她的座位看去，尽管座位空空的。但是，我总觉得她还坐在那儿，安静地、眼睛一眨不眨地听我讲课。

她没有等到"六一"儿童节的到来，没有等到参加作文大赛、参加文艺演出，更没有等到春节的到来，再去慰问喜欢她的孙秀英老师。

弹指间，27年过去了。

我一直想念我的学生——上官贝贝。

一个姣美文静、娇小可爱的女孩儿，一个举止端庄、学习成绩优秀的女孩儿，一个能歌善舞、富有艺术气质的女孩儿，一个刚刚过完12岁生日的女孩儿，竟就这样在我们的视线中永远消失了。她的夭折，给她的父母、亲戚、朋友、同学和老师，留下了无尽的悲痛和思念。

我一直想念我的学生——上官贝贝。

9."老班长"

成明在男生中是个头儿最高、身材最魁梧、力气最大的一个,因拳脚硬,男生都惧他三分,不大敢招惹他。他调皮且懒散,但他的调皮属于小打小闹类。挨我批评时,他的嘴角也常常挂着笑意,再加上从不犟嘴,所以在他面前,我即便有"火",也往往发不出来。

"老师,我改。"每次我批评完,他都会这样说。但,改得很少。我也没期望他改多少。一下子全改了,就不是成明了,就不是男孩儿了;教育也就不会成为一门科学、一门艺术了,当然也不会产生教育家和优秀教育工作者了。

深秋的一天,我带领全班学生到九里山野炊。我们以小组为单位,各组准备各组的用品。锅碗瓢盆,柴米油盐,谁准备什么,谁拿什么,每位组长都做了具体分工。

大家都羡慕第四组。为什么?因为第四组有大个子成明。"行军"路上,只见成明背上背着一口锅,锅上还撂着一捆干柴,一手拎着一个油瓶,雄赳赳、气昂昂地走着。他负重如此,嘴角居然还美美地挂着一丝微笑。

我一下子想到了《草地夜行》课文中的"老班长",于是大声说:"嗬!大家看,成明多像个炊事班的老班长啊!"

成明的嘴角咧开了，露出了洁白的门牙。这是他得意、高兴时的标志性表情。

从我们学校到九里山，少说也有六公里。人家成明到达山前，放下所带的东西后，还回过头来帮助后面的同学拿东西。我夸赞道："成明啊，你越发像个善于体贴战士的老班长啦！"

各组支好了炉灶，安顿好了，便分头到山上拾柴火（干草），因为木柴还得用柴火引燃。

一位爬到半山坡的男生高声问："于老师，临来的时候，您说'九里山前古战场，牧童拾得旧刀枪'，我怎么连块铁片子也没找到呀？"

在我身旁的成明说："多少年的事儿了？早锈完啦！"

我说："两千多年了，早叫牧童捡光了。咱们现在捡柴火。"

九里山下，炊烟袅袅，铁勺叮当，空气中弥漫着炒菜的诱人香味。学生们叽叽喳喳地说着，小鸟在空中叽叽喳喳地叫着。在蔚蓝的天空映衬下，绵延起伏、郁郁葱葱的九里山像一道天然的屏障，横亘在徐州市北郊，拒北风于市区之外。这里真是野炊的好地方。

我应邀逐一品尝了各组做的菜和汤。"味道很好，手艺不错！不过，老班长成明做的菜更合我的口味。我的口味比较重。"

听了我的话，小朋友们对成明更是刮目相看了。

这次，成明咧开大嘴笑了，几乎露出了全部的牙齿。

吃饱喝足之后，学生们在九里山前撒起欢儿来，有些女生在追逐蝴蝶，还有些女生在采集秋天的树叶。学生们在秋天里奔跑着，呼吸着大自然的新鲜空气，收获着在学校里永远无法得到的感受和快乐，能不心花怒放吗？

回家的路上，背上依然背着一口大锅的成明问："于老师，下次野炊是什么时候呀？"

"明年春天。明年春天咱们转战凤凰山！"

"下次，我们组包饺子给您吃！"

"你会？"

"会！"

大约过了一个月，成明的小组长爱华告诉我："于老师，成明最近做作业不拖拉了。"

"哦？"

"他说'老班长'怎么能不按时完成作业呢？"

"每次都能做对？"

"他说，以前做作业拖拉，主要是有的题不会做。现在，他遇到难题就问同桌，有时还让我讲给他听。"

我对爱华说："成明的话对我很有启发。我要告诉每位组长，调查一下各组做作业拖拉的同学，是因为什么拖拉的。如果因为不会做，各个组长要多帮助；因为懒而拖拉的，我亲自找他谈话。"

上课，学生自由读课文的时候，我走到成明身边，悄悄告诉他："小组长对我说了一件你的事，我听了很高兴。知道什么事吗？小组长说，你最近做作业不拖拉了，说你还真有个'老班长'的样儿呢！"成明又浅浅地笑了。

一天中午，成明在操场上追一位小个子男生，很快把他抓住了。

小个子男生叫道："'老班长''老班长'！我……"

两声"老班长"一叫，成明立刻就把手松开了。

"到底是'老班长',觉悟高,宽宏大量,不与小战士计较。"

成明扭头一看是我,立刻低下了头。

没想到,几声"老班长"一叫,居然唤起了他的上进心、责任心,成明开始知道约束自己、规范自己了。

写到这里,我不由得想起了一段教育名言:

不是从孩子身上看到了希望,我们才相信孩子,而是我们相信孩子,才能看到希望。

不是孩子有了责任,我们才放手,而是我们放手了,孩子才有责任。

不是孩子听话了,我们才尊重孩子,而是我们尊重孩子了,孩子才会听话。

不是孩子成长了,我们才信任孩子,而是我们信任孩子了,孩子才能成长。

不是孩子优秀了,我们才接纳孩子,而是我们接纳孩子了,孩子才会优秀。

不是孩子可爱了,我们才爱孩子,而是我们爱孩子了,孩子才显得可爱。

10. 他脸上终于有了阳光

这是学生升入二年级的第一节说写课。学生见了我很高兴,个个脸上洋溢着喜悦。一位陌生的小男孩儿坐在教室正中的第三排。他的脸庞红扑扑的,一双不大的眼睛怯怯地看着我。一旦与我的目光相碰,他就把视线移开了。上课前,班主任对我说,他叫庆涛,因学习成绩不好,又好打架,所以留级到我们班来了。留级,是对学生心理的一种无情摧残。不知何时起,学生开始称留级生为"留级鬼"。留级而成为"鬼",就更无颜面可言了。我想,我要尽快帮他消除自卑,摆脱孤独,树立信心,融入新的集体。

我走到他跟前,俯下身子问:"你认识我吗?"

他回答的声音很轻、很细:"认识。"

"我叫什么?"

他摇摇头。

我说:"我叫于永正,是教二年级一班说话和作文的老师。这个班,我已经教过一年了。"

说完,我转身在黑板上工整地写下了我的名字。

"我想知道你叫什么名字,能告诉我吗?"

我努力听了两遍,才听清他说的是"庆涛",于是转身在黑板上写下了他的名字，与我的名字并列。然后，我在两个名字之间，画了两只紧握着的手，说："看，我们俩的手紧紧地握在一起了，从此，咱们就是好朋友了！"

全班小朋友热烈鼓掌。庆涛笑了，面颊泛起了红晕。

我对全班小朋友说："新朋友来了，总要欢迎一下。想一想，你打算对庆涛说什么。想好了，咱们说给庆涛听。"

我把庆涛请到讲台上。

小朋友们个个争先恐后地说着，庆涛聚精会神地听着。

能说会道的夏乐天说得最真切、动情："庆涛同学，对不起，你来到我们班已经好几天了，可是我没理过你，都是我不好。于老师是你的好朋友，我也是你的好朋友。今后，你在学习上遇到困难，我一定会帮助你！欢迎你！"

最后，我请庆涛说几句，他想了半天，说了两个字："谢谢！"

"还想说什么？"

他脸红红的，憋了一会儿，还是两个字："谢谢！"

第一节是口语交际课，第二节则是书面语交际课——先写《欢迎新朋友》，写完再读给庆涛听。

我对小朋友们说："这篇作文写两段就行了，先写庆涛的外貌，这个你们都会，再写几位——也就两三位吧——同学的发言。大家说，庆涛是男生还是女生？没扎小辫儿，没穿裙子，显然是男生。写外貌要求不高，只要不把庆涛写成女生就行了。"

在笑声中，小朋友们动手写起来。

我给庆涛出的作文题则是"自我介绍"。我对他说，把你叫什么名字、今年几岁了、喜欢玩儿什么或者喜欢什么活动告诉大家就行了,这就是你的《自我介绍》。在我的帮助下,他的《自我介绍》很快写好了。

写完之后,我先叫庆涛读他的《自我介绍》,再请同学们读各自写的《欢迎新朋友》。

课堂气氛轻松而热烈。庆涛脸上始终挂着微笑。

课间,我和庆涛一起说话,小朋友们立刻就围过来和他交谈;我和庆涛在乒乓球台上掰手腕,小朋友们立刻就拥上来和他掰手腕。

老师亲近"学困生",学生就亲近"学困生";老师尊重弱者,学生就尊重弱者。

渐渐地,庆涛脸上有了阳光。

一个月后,等到庆涛已经融入二年级一班这个新集体,小朋友们跟他也熟悉了,我又上了两节"学会赞美"的说写课。

我对小朋友们说:"人人都需要赞美,因而我们要学会赞美。赞美有两种,一种是简单赞美,只用一两句话,甚至一个词就行了;一种是具体赞美,要简要地把赞美的理由说出来,也就是说要说出事例。庆涛和我们已经相处一个月了,大家一定发现了他许多值得我们赞美的地方、值得赞美的事。咱们先对他来个'简单赞美',就是用一两个词,或者一两句话来赞美他一下,然后再'具体赞美',也就是用事例来赞美。大家想好了再说。"

不少老师看过我的"描述人物外貌、转述通知"的口语交际课例,杨再隋教授非常喜欢这个课例,说它是"口语交际的经典"。这节课就是1986年春天,我在这个班上的。那时,这个班的小朋友才读一年级（第二学期）。到了二年级，他们更加能说会道了。

小朋友们对庆涛的赞美非常精彩，用"口吐莲花"来形容一点也不为过。庆涛也很争气，一个月来的表现确实不错。

他的同桌魏荣的赞美最具体："庆涛同学是个肯帮助别人的同学。有次上课，我找不着橡皮了，他立刻送我一块儿新的大象牌橡皮；庆涛是个虚心接受意见的同学，有时他上课走神儿了，我一提醒他，他就立刻坐好，专心听讲；庆涛还很讲卫生，一发现地上有垃圾，就会主动捡起来。"

真是应了刘勰说的一句话："情动而辞发。"

口头赞美完了，就写；写完了，再读；读完了，再转化为口头赞美。

庆涛开心地笑了。他脸上越来越阳光了。

一年多下来，他的性格变得开朗了，也能和同学们沟通了。他再也没和任何人打过架，因为在这个集体里，他学会了尊重。尽管他很努力，但学习成绩还是平平。对他来说，消灭了不及格已经是伟大胜利了。分数真的不重要，分数不等于本领，更不能和人品画等号。毕业后，这个班的几次同学聚会都是庆涛发起的，这便是很好的证明。真的，让学生成为一个"人"，比分数更重要。

11. 规矩

一年秋季，我接了五年级的一个班。前任班主任告诉我，这些孩子活泼、聪明，多数孩子学习不错，但有些男孩儿相当顽皮，有几个"愣头青"很难管教。我问是谁，这位班主任一副天机不可泄漏的模样，说："你自己去观察吧！"

第一节课上课铃一落，我面带微笑，健步走进教室。一切按常规程序走：班长喊"起立"，师生互相问好。可就在班长刚说"坐下"时，最后一排一位大个儿男生身子向后一仰，哗啦一声，一屁股坐在了地上。全班同学循声一齐向后排张望。我问怎么回事，只见大个儿男生爬起来，指着他的同桌说："我站起来后，他趁机把凳子挪开了，我坐了个空，倒在地上了。"

他的同桌在一旁幸灾乐祸地窃笑。我走到他同桌跟前，说："我知道你姓甚名谁。你姓'愣'，叫'愣头青'。你的前任班主任对我说过，咱们班有几个'愣头青'，你肯定是其中之一。你果然够愣的，是不是全班第一愣？"

班里有几个人忍不住笑了，显然赞同我的说法。

他说："我叫武维，不叫'愣头青'，老师不能给学生起外号！"

我严肃起来："你能让同学摔个屁股蹲儿，我难道不能给你起外号?这是强盗的逻辑呀!况且,我是根据你的表现起的外号,不是凭空捏造。你是故意伤害同学!如果这位同学摔出问题来,你的行为就是犯罪——故意伤害罪!"

他不再说话,全班很静。

我继续说:"开学第一节课,你居然送给老师这样一份'见面礼'!俗话说,来而不往非礼也,我也送你一份'见面礼'——鉴于你不尊重同学,无故伤害同学,按学校有关规定,你必须到教室外面罚站20分钟!"

他岿然不动。

我又说:"要不,向同桌道歉。二者由你选择。"

他立刻选择了道歉。

"你浪费了全班同学5分钟的宝贵时间,按学校有关规定,你必须停课半天,或者写出书面检查。"

他立刻选择了写检查。

我简单做了自我介绍,便抓紧时间上课。课上得很简洁,20分钟朗读,15分钟写字。我的朗读让学生的心一下子静了下来,直到我读完了,学生们还久久地望着我。说"久久"是夸张,其实也就三四秒钟吧。接下来写字。我让学生拿出课前发的写字簿。只见武维在封皮上歪歪斜斜地写着自己的名字。虽然只有两个字,却都写出了格,没有一点规矩。

我灵机一动,说:"我今天先教大家写课文里没有的两个字——武维。"我边说边在黑板上用楷书写了"武维"两个大字。学生们发出了赞叹声。我指着"武"字说:"'武'字当中要写得紧凑,斜钩要写得舒展而有弹性，起笔高一点，收笔低一点。这样写才好看，才威武，才叫规矩。请每人在写字簿上写一遍。如果自己不满意，就再写一遍。"

武维竟一连写了四遍，最后两个字写得已经像模像样了。接着，我又依此类推讲了"式、或、戎、戒"等书写要求相同的一些字的写法。

我又指着"维"字说："'维'字最要注意的是右边的'隹'。'隹'的第二笔——竖，一定要写长。"我边说边书写了一个"维"字。

我把目光落在武维身上："武维同学，你知道'隹'是什么意思吗？它指的是什么？"他摇头。我说："'隹'是短尾巴的鸟，如雁、雕、雀等（我边说边板书）。它们虽然尾巴短，但是毕竟有尾巴呀。因此，'隹'的第二笔——竖，一定要写长。写'准、淮、谁、唯、滩、惟'等字都要注意这一点（我依旧边说边板书）。这也是我们老祖宗定下的规矩。"

学生又兴致勃勃地练写"维"字。武维和另外几个同学还随手写了'准、淮、谁'等字。我高高举起武维写的字，在教室里走了一圈儿让大家看。我说："这就是规规矩矩地写字。做什么事都得讲规矩。"

写生字时，我把五个生字写在黑板上，但只指导了一个字——敛。重点指导怎样写反文。我告诉学生：一、反文的第一笔——撇，起笔要高，第二笔——横，起笔要低，在撇的下方起笔；二、第三笔——撇，要带点弧度（向右鼓一点），不要写得太长；三、最后一笔——捺，要先轻后重，要有"脚"，脚要写得稍大点。

教学生不会的，讲学生不懂的，学生没有不爱听的。学生一旦"恍然大悟"，你不让他写他也要写，你不让他念他也要念，你不让他做他也要做。也可以说，这是我的全部教学技巧——吃透学情，把握好教材，教学生不会的，讲学生不懂的。

我班学生的写字兴趣，是被我的示范、点拨激发出来的，是在他们不断练习并取得进步的过程中形成的，是在我的不断鼓励下巩固的。一定让学生动嘴、动手，这也是我经常举行写字比赛、朗读比赛、作文比赛和书法展览的原因。比赛是兴奋剂，也是催化剂。

字无百日功。一个学期下来，武维的字写得较为规矩了，人也变得较为规矩了。在庆元旦书法比赛中，他获得了二等奖，得到了一张奖状和我奖励的一本书。我在奖励给他的书的扉页上用楷书写道：规规矩矩地写字，规规矩矩地做人，与武维同学共勉。

他捧着我奖给他的书，说："于老师，开学报到时，听别的同学说你很厉害，我想试试你有多厉害，所以我就在开学的第一节课上做了一件蠢事。"

我笑问："你这一试探，得出一个什么结论呀？"

"你果然厉害！虽然你没发火，没训斥我，但我服气。你写字厉害，朗读厉害，讲课厉害，教学方法厉害！同学们都说你好厉害！"

我哈哈大笑："哪有那么厉害！今天，我也向你'道'一个迟到的'歉'——开学第一节课，我不该给你起外号，说你姓'愣'，叫'愣头青'。老师给同学起外号，也叫不守规矩。"

武维也笑了，像个小姑娘似的，用一只手挽起了我的胳膊。

愣小子的心，竟也柔软了。

这是太极拳给我的启示——刚柔相济、以柔克刚。

12. 不让地里长草，就种上庄稼

一年秋季，我又接了五年级的一个班。我是一贯的"五六"小循环，即接一个五年级的班，教到六年级毕业，再回过头来接五年级的班。开学第一节课，学生照常起立向老师问好，这时，一位站在第一排的小男生突然右手向上一伸，大吼一声："哈依！"只见他昂首挺胸，收腹撅腚，一动不动，俨然一尊武士雕像。嚆，又冒出一个"愣头青"挑战我的耐心和智慧了。

我仰望天花板，从前看到后，从左看到右，同学们莫名其妙。我说："三国的时候，大将张飞'当阳桥头一声吼，喝断了桥梁水倒流'，还吓死了曹操手下一员叫夏侯杰的大将。刚才这位同学这一嗓子，跟炸雷似的，绝不亚于张飞当阳桥头那一声吼，我担心把教学楼震塌。"

同学们大笑。见同学们还都站着，我说："其他同学请坐，请'哈依'同学再站一会儿。"我两步走到他身旁，"请问你是哪国人？说你是日本人吧，行的却是德国纳粹军礼；说你是德国人吧，说的又是日本话。再说，长相也不对呀。你是不是姓张，是张飞的后代呀？"

全班学生大笑不止。这名男生红着脸低下头，刚才的勇猛荡然无存。

我对同学们说："我姓于，叫于永正，从现在开始，我就是你们的班主任，兼教语文。我怎么都不明白，头一次见面，这位男生怎么会向我行这个全世界都找不到的礼。请大家替我想想。"

一位女生说："于老师，他叫世成，是个差生，调皮捣蛋，不好好学习，还经常欺负女生。"

我说："你说他调皮捣蛋，这一点我赞成，他刚才的表现证明了这一点。但我不赞成他是差生的说法。不能因为他调皮捣蛋，目前学习成绩不好，就说他是差生。说不定，他将来会很优秀呢。咱们今天不评价他。我问的问题是，他为什么会对我行这种礼。"

一位男生说："说不定他在试探你，看你会拿他怎么样。"

又一位男生说："他可能想给你个下马威。"

"哦，是这样的！那你看，我'下马'了吗？"

这位男生笑了："没有。倒是他'下马'了！因为我从来没见他的头低得这么厉害过。"

我伸出右手对世成说："既然你'下马'了，那咱们交个朋友吧！"

他缓缓地伸出了右手。

我说："今天，于老师先把大家戴在你头上的'差生'帽子摘掉，理由我刚才说过了。在我眼里，只有差别，没有差生。人各有所长，各有所短，尽力做了就行。但，一定尽力学、尽力做。"说完，我又补充道："二战期间，德国纳粹在欧洲犯下了滔天罪行，给整个世界带来了深重的灾难，所以，不能模仿他们的举止！以前你不知道，以后一定要注意！"

俗话说："不让地里长草，就种上庄稼。"一堂课，我没让世成闲着，一会儿请他读读书，一会儿请他回答个问题。指导朗读时，我还和他做了个小游戏。我说："你读课文第一自然段，每读到有标点的地方就停下来，我能猜出这里点了什么标点符号。"一试，我果然全猜对了。他不服，又读了课文当中的一段话，我又猜对了。他还是不服，说我把课文中的标点符号都背下来了，不算。他又从最后一篇课文里找了一段话，我还是全猜对了。接着，我告诉学生，什么时候使用逗号，什么时候使用句号，什么时候使用冒号、引号、问号、叹号，等等，同时告诉学生怎样根据标点符号读出不同的停顿和不同的语气。说完，我又范读了课文中的几个段落。最后，我告诉学生，读书要关注标点符号，读得多了，关注得多了，写作文时才能正确地使用它们。

学生的兴致一下子来了，不但越读越起劲，而且越读越有味道。学生一旦知道怎样停顿，怎样读出重音，怎样读出不同的语气，甚至知道什么情况下实读，什么情况下虚读，什么情况下快读，什么情况下慢读等朗读的知识，并在不断地朗读中尝到了成功的喜悦，不让他们读，他们也会读，因为他们不再原地踏步，而是步步提高。和写字一样，如果学生第一遍写的字不规范，不入体，在老师不指正、不示范的情况下去写第二、三、四遍……重复的只能是错误！这种重复不但无益，反而有害。我们的语文教学让学生重复错误的东西太多！学生第二个字写得和第一个没有区别，第二遍朗读课文没有比第一遍朗读进步，第七篇作文和第一篇作文写得差不了多少，等等，我以为这都叫"重复错误"，或叫"原地踏步"，还奢谈什么"生命的成长"？

字写得越好越喜欢写字，课文朗读得越好越喜欢朗读，作文写得越好越喜欢作文，这才是语文教学成功的规律。而"重复错误""原地踏步"只能导致厌学，这也是语文教学失败的规律。

我尽量不让学生重复错误。

开学第一天下午放学前,我问世成:"你最讨厌做什么家庭作业?"

他不假思索道:"最怕写日记和做数学应用题。"

"为什么?"

"难,不会。"他回答得很干脆。

"从现在开始,全班同学家庭作业只有两样:写字和读课外书。你的数学家庭作业,如果应用题实在想不出来,可以不做。怎么样?"

那时,书店里已有与教材配套的钢笔字帖出售,我要求他到书店里买来,天天照着字帖练字,每个字写几遍都行,写得好,自己满意,一遍就可以。至于读的课外书,必须天天带到学校,我要随时抽查。

家里的这块"空地"我也种上了适合生长的"庄稼"。种"庄稼"的这些任务,学生是能够接受并完成的,是有助于他们茁壮成长的。

针对以上措施,我与世成家长以及其他家长做了沟通。希望他们能够多多督促,严格要求。因为任何好习惯的养成,开始时往往都带有强制性。家长们同意我的看法。

随着时间的推移,小世成在慢慢改变着。

不过,一个多月后的一天中午,我刚到办公室,三位女生就向我报告:"世成用笤帚砸我们啦!——刚才我们三位同学一推教室门,哗啦一声,从门上掉下来一把笤帚,砸在了小莉头上!"

"你们怎么知道是世成干的?"

"他一个人坐在座位上偷笑。"

上课时,我郑重地对全班同学说:"同学们,我们班出了一位善于打游击的战斗英雄。一天,他把炸弹放在虚掩的门上,有三个敌人从外面推门进来,那炸弹像有红外制导功能似的,轰的一声在敌人头上开了花。——这三位'敌人'不是别人,正是咱们班小莉等三位女同学;这位'战斗英雄'也不是别人,正是咱们世成同志!那'炸弹'的样子很奇怪,看上去像一把笤帚!……"小莉扑哧笑出声来。一笑泯恩仇。

我接着说:"可惜世成没生在抗日战争年代,如果在那个年代他用这个办法对付日本鬼子,保准把小鬼子炸得血肉横飞。"

世成的反复是正常的,不反复则是超常的。我甚至"钦佩"孩子这样的错误。此后,我加大了对他的督促力度,天天检查他写字和读课外书的情况,经常请他朗读其中的片段(朗读课外书是我的要求),他朗读给我听,我再朗读给他听。他渐渐对读课外书和写书法产生了兴趣。

"听你妈妈说,你在家里看书都入迷了,有时喊你吃饭你都听不见。"一天,我对他说,"你呀,废寝忘食啦!"

一个学生对读书有了兴趣,就有了希望。学生的兴趣越广泛,爱好越多,他"地里野草"的生长空间就越狭小。

为了让"地里不长草",老师除了培养读书、学习的兴趣,培养良好的习惯外,还得为学生营造良好的学习环境和氛围。师生之间、生生之间的关系融洽和谐了,班级学习氛围浓厚了,"野草"就失去了生长的气候和土壤。这种良好关系和良好班风的形成,取决于老师。我时刻提醒自己:要善待学生,对学生要宽容,进而包容。

到了六年级,世成已经成为一个很优秀的学生了,尽管文化课的成绩还不尽如人意。

小学即将毕业时,他随父亲转学到了东北。他刚到东北,还给我来过信。后来听说,他父亲从部队转业,一家人回河南老家了。从此我们便失去了联系,但我脑海中还时常出现当年他大吼"哈依"的样子。

13. 钓鱼的故事

徐州市鼓楼小学五年级一班和徐州市郊区的刘湾小学五年级一班，从三年级开始就结为"友谊班"，每个学生在对方的班里都有同性别的朋友。我们两班的学生定期互访，定期搞活动，朋友之间定期通信。

刘湾村紧靠着京杭大运河，那里河多，水塘也多。一次，我到刘湾小学参加教研活动，发现有人在村庄北面的一条河里垂钓。河面较为宽阔，河水水质也好。两岸芳草萋萋，芦苇长得齐刷刷的，已有两尺来高。我不由得想起小时候在老家河里钓鱼的情景，并萌生了一个念头——带两个班的学生来钓鱼！我把这个想法告诉了刘湾小学的刘校长，刘校长非常赞同；我向鼓楼小学宗校长一汇报，宗校长也十分支持。活动很快就定下来了。

我立刻制订好了活动计划，并付诸实施。

两个班先分头请一位懂钓鱼的老师上一节"怎样钓鱼"的课，并各自准备钓具。

教体育的张老师是钓鱼行家，我们便郑重聘请他为我们的"钓鱼指导老师"，给我们上课，和我们一起钓鱼。张老师欣然应允。上过课之后，每位同学都兴高采烈地按张老师的要求分头准备钓鱼用的东西。

钓鱼的那一天,天气晴好,万里无云。我们早早乘车来到刘湾小学,朋友相见,异常兴奋。同学们排队来到河边,一字儿排开,在"张导"的指导下开始垂钓。"张导"行走在岸边的学生中间,细心地指点着。

学生们聚精会神,默念着"鱼儿鱼儿快上钩"。但很长时间过去了,才有一位学生钓上一条不大的鱼。

刘校长是个急性子,大手一挥,说:"走!同学们,咱们换个地方钓!"

他把我们带到一个大鱼塘,学生们在鱼塘周围排开,继续垂钓。

不一会儿,忽然有人大叫:"我钓上了一条!"

学生们兴奋起来,眼睛一眨不眨地盯着自己的浮子。

我们约定,谁钓上鱼来,就可以拿着钓上来的鱼照相留念,还能得到"钓鱼能手"的奖状。

好消息接二连三,找我照相的人接踵而至。

大家正钓得起劲,忽听有人喊道:"小松掉到鱼塘里了!"

我抬头看时,对岸的小松正在水里挣扎,幸亏水不太深,不一会儿他便从水塘里站了起来——水刚没到他的胸部。飞快赶到的"张导"一伸手,把小松拉上岸。大家松了一口气。

我笑道:"小松呀小松,你终于让我们松了一口气,你这个名字起得好哇!"

落汤鸡似的小松不好意思地笑了,赶紧跟着刘湾小学的朋友到家换衣服去了。

原来,小松站在水边的一块儿石头上,甩竿时用力过猛,身子一歪,失去了平衡,便掉进水塘里了。

小松刚从朋友家里换好衣服回来,只听燕妮大声喊道:"张老师快来!张老师快来!"

原来鱼咬钩后,燕妮不但甩不动鱼竿,还被鱼拽着走。

我笑道:"燕妮,是你钓鱼,还是鱼钓你呀?"

张老师说:"是条大鱼,千万别硬拽!"

说完,他接过鱼竿,东晃晃,西晃晃,慢慢悠悠地把鱼引到了岸边,然后下水将它捉住。

"张导"喜滋滋地说:"这条鱼,少说也有三四斤。"

燕妮连同她钓的大鲤鱼一起定格在我的相机里。

在学生的再三请求下,我们直到中午12点30分,才结束了钓鱼活动。

下午,我们两班学生混编成若干组,带着我们钓的鱼,分别慰问了刘湾村的军属和无儿无女的"五保"老人。被慰问的人家都是刘湾小学的老师事先了解过并打过招呼的。慰问,是一次现实的口语交际(那时我称它为"言语交际")。

去前,我对两班学生做了以下交代:一、进门要先打招呼,再由组长说明来意,即慰问的原因,接着把鱼送上;二、询问"五保"老人的生活情况,询问当兵的叔叔或阿姨在哪儿当兵、当的什么兵以及目前的情况;三、分别时说说祝愿的话并道别。总的要求是:热情大方,注意倾听,要根据对方的话做出回应;一定多说好话,多说赞扬的话。

慰问一结束,我便为两班学生上了一节作文课。我拟了三个题目由学生任选其一写下来:

1. 怎样钓鱼

2. 垂钓

3. 慰问

第一题是说明文,别人读了之后,能掌握钓鱼要领,学会钓鱼方法,即为优秀作文。二、三两题为记叙文,要求要有描写。

小松和燕妮写的《垂钓》最有意思,因为他们的经历、感受与众不同。在《慰问》这篇作文里,好几位同学都有这样的描写:"老奶奶接过鱼,感动得热泪盈眶,连声说:'谢谢同学们,谢谢老师!'"

钓鱼的故事发生在1995年初夏,迄今已二十多年了。

愿我的文字,能把我的学生带回美好的童年。

14. 游泳

我一让学生们背诵毛主席的《水调歌头·游泳》，他们心里就乐开了花——"哇，于老师又要带我们去游泳啦！"于是，"才饮长江水，又食武昌鱼，万里长江横渡，极目楚天舒"这豪迈的背诵声就会飞出窗外。

我生长在山清水秀的胶东半岛。我的家乡山多、河多、湾多——我们老家称面积大的水汪为"湾"。一方水土养一方人，我们那儿的男孩儿都喜欢游泳，全是自学成才——在水里游着游着就会了。我们游的是纯正的"自由式"——爱怎么游就怎么游，有的侧游，有的仰游，多数是流行的"狗刨式"。好多小朋友的游泳本领很高。有的能"踩水"——双手高举，上半截身子露出水面（本领特别大的人能露出肚脐），身子一晃一晃地向前"走"。有的能"潜游"——像泥鳅一样，在水底下游出很远。这样的人自恃本领高强，常常在水下游到某一个小朋友跟前，冷不防拽着他的脚，将其拖入水中。于是双方在水里打起水仗，水花纷飞，在阳光下，能映出七彩的虹来。我打水仗的本领很高，一巴掌下去，能激起一大片水花，而且能让水花向前飘出很远。我一个人能抵挡两三个人。

爱玩儿水、爱游泳是儿童的天性，所以我常常带领学生去游泳。

学生乐，我也乐，何乐而不为呢？

有一次，在游泳池里，我和三个男生打起了水仗。他们奋力向我身上泼水。我后退几步，大手一挥，一片密集的水花向他们飞去，他们完全被水雾覆盖了。一泼未落，一泼又起，他们只有招架之功，没有一点儿还手之力，一会儿便败下阵去。自此，学生知道了我的厉害，给我起了个外号，叫"浪里白条"，在他们眼里，我成了《水浒传》里的张顺。

又有一次，我正在水里逍遥自在地仰面漂着，一伙儿男生从四面八方向我"包抄"过来，一齐向我"开火"。为首的一位边泼水边大叫："今天叫'浪里白条'尝尝我们的厉害！"我左右开弓，但终因敌众我寡，无法招架，只得且战且退。正在这时，又一位男生高叫一声："尔等休得无礼！于老师，我们来也！"他率一群男生冲了过来。双方在水中激烈交锋，好一阵厮杀！我乘机一个猛子潜入水底，逃之夭夭，然后爬上岸，坐山观虎斗。

双方势均力敌，战到精疲力竭，才各自"鸣金收兵"。

这边战火刚熄，那边烽烟又起！一位女生向我报告，说有三个男生欺负她们，硬往她们身上泼水。

我"勃然大怒"，说："这是挑衅！你们没长手吗？为什么不还击？你们拿出点毛主席的'到中流击水，浪遏飞舟'和'自信人生二百年，会当水击三千里'的气概来，进行还击嘛！"

一会儿工夫，泳池的另一边又起战火。几个女生向挑衅的三个男生发起了猛攻。见久攻不下，其中两位女生偷偷绕到男生背后发动了突然袭击。三位男生腹背受敌，很快败下阵去。几位女生穷追不舍，三位男生抱头鼠窜。见此情景，女生们热烈欢呼起来——欢呼勇敢、团结的胜利，欢呼智慧的胜利。

学生们常常眼巴巴地望着我问："于老师，什么时候让我们背诵《水调歌头·游泳》呀？"

"再过三天吧！"

"真的？"

"真的！"

他们立刻就欢呼起来。游泳日在儿童的眼里，就是盛大的节日。

据说，韩国的教育法规定，小学生必须学会游泳。这个规定意义重大，非同小可，且不难做到。仅凭这一点就可以断定，制定这一条规定的专家是个懂教育的人，是个了解儿童、热爱儿童的人。

儿童的成长离不开活动，游戏是儿童的生命。如果说，没有艺术的教育是残缺的教育，那么，没有活动、没有游戏的教育，则是压抑甚至是摧残儿童成长的教育。

15."军营一日"故事集锦

一

1996年6月7日上午,三位少先队员来到驻徐部队107团营房大门口,向站岗的解放军叔叔行了个少先队队礼,落落大方地说:"叔叔,我们是徐州市鼓楼小学六年级一班的学生,是来和团首长联系工作的。"

战士问:"有介绍信吗?"

"有!"一位少先队员从书包里取出一封信,双手递过去说,"叔叔请看。"

看完介绍信,另一位战士(有两位战士站岗)把他们三个人带到了团首长办公室。

落座后,一位学生双手把介绍信递给了团首长。团首长看完介绍信说:"这字写得好漂亮啊!是你们老师写的?"

该生说:"信是我写的,印是校长盖的。老师说了,谁的介绍信内容好,字好,就派谁到部队去联系。结果我被选上了。叔叔您多指教。"

听完了三位学生的汇报和请求后,首长说:"回去告诉你们老师和同学们,部队欢迎你们来参观!时间定在6月10日。"

这三位少先队员是我班的学生。这次"军营一日"活动,是我和部队早已联系好、安排好了的,但没对学生说。之所以再次请学生出面联系,是为了锻炼他们。

没有亲身经历的实践活动,哪儿来的"养成教育"呀!

不能关起门来搞教育。

二

观看解放军叔叔轻武器射击,是"军营一日"活动中最激动人心的一刻。

靶场上,自动步枪、轻机枪射击的嗒嗒声响成一片,战士们立射、卧射,弹无虚发,一个个靶身应声倒地,赢得了同学们的阵阵掌声。

射击完毕,身穿迷彩服的同学们挎起自动步枪照相留念。

小震、小墀和大乐,早晨因走得匆忙忘记穿迷彩服,后悔不迭,满脸沮丧。我笑着对他们说:"他们是正规军,我们四个人是鼓楼小学六年级一班'民兵班'的民兵,我是班长,来,咱们四个人也挎上枪,合个影!"

三位同学立刻转忧为喜。小震把脸贴在自动步枪上,说:"这可是真家伙呀!"

有几个调皮的男生说:"我们要退伍,参加民兵班,和于老师合影!"

小震大声说:"你们知道火车是怎样叫的吗?——没门儿!"

照完相,一群男生在靶场捡子弹壳儿。班主任杨老师立即制止。

我对杨老师说:"既然学生们喜欢,就让他们捡呗!"

学生们像领了圣旨似的,一阵风,散开了。

徐州市鼓楼小学六年级一班的小小"民兵班"。／摄于 1996 年／

我对杨老师说："我小时候,把子弹壳儿当成宝贝。我有一枚步枪子弹壳儿、一枚手枪子弹壳儿,我的同学有一枚机枪子弹——带弹头的,当然里面没有弹药。我用一支新钢笔跟他交换,他都不肯。后来,我又加了两支铅笔,他才同意换了。"

学生们(包括女生)纷纷拿着捡来的弹壳儿让我看。

我说："收藏好,这是非常有意义的纪念品。当你们到了我这个年龄的时候,它就成文物了。"

三

学生们观看完震撼人心的 400 米障碍训练后,鱼贯走进战士的宿舍。看到眼前的景象,顿时人人缄口,鸦雀无声。解放军战士的宿舍里,每个物件仿佛都是一个大大的惊叹号!说解放军战士的被子叠得像刀切的豆腐块儿,绝不是夸张;说解放军战士洗脸毛巾挂的高低、折叠面积的大小像用尺子量出来的,绝不是吹牛;说解放军战士挂在衣架上的一排上衣,熨帖、整齐得胜过服装店里的服装百倍,绝不是夸大其词；再看窗台上面一顺儿摆放的刷牙杯子，杯子把儿都朝着一个方向，牙刷和牙膏也都朝着一个方向，说它们像一队齐刷刷地等待检阅的士兵，绝没有人投反对票！不信？不信你来看嘛！

你看丁翊那惊愕得张大了的嘴巴，从一进门就一直没合拢过！他看到豆腐块儿似的被子，使劲儿地拽了一下同伴丛翔的衣襟；看到挂在衣架上的一排军服，使劲儿地拽了一下丛翔的衣襟；看到窗台上一顺儿摆开的整齐的牙杯，使劲儿地拽了一下丛翔的衣襟；看到床下摆放有序的鞋子，又使劲儿地拽了一下丛翔的衣襟……

最后，在与解放军叔叔联欢时，学生们特别动情地表演了诗朗诵、独唱、合唱、舞蹈、手风琴独奏，博得了解放军战士的热烈掌声。

人民解放军军营是一所大学校。一进军营，目之所及、耳之所闻，对学生、对我都是一次精神上的洗礼。这正是我要带学生到部队去钻坦克、看飞机、看操练、看射击的原因。再说，儿童本来对部队、对军事就有一种好奇心，觉得它们充满了神秘感而心向往之。我小时候不就这样吗？手拿一杆红缨枪，觉得自己就是儿童团员；腰挎一把泥做的手枪，觉得自己就是一名解放军战士。

我会经常想想儿时的自己。不忘记自己曾经是儿童，才会理解儿童，才会有适合儿童成长的"儿童的教育"。

16. 大余乡中心小学纪行

一

1965年秋，徐州市睢宁县大余乡广袤的田野上一片丰收的景象。玉米地一望无际，每一株都自豪地抱着两三个像娃娃似的大玉米棒儿。玉米棒尖儿上的一束束红缨，已褪变成褐色，标志着"娃娃"基本长成，可以离开母体了。

我带学生们徜徉于田野的小路上，他们首先认识的是玉米，因为玉米是这里的主要秋作物。来到一片芋头地，我问大家："认识这是什么吗？"学生们望着硕大的叶子，不假思索地说："荷叶！"

陪同我们的大余小学校长朱以励笑了，说："这是芋头，学名叫芋艿。你们仔细看看，芋头的叶子和荷花的叶子有什么不同？观察事物要善于抓住不同点。不同点就是特点。"

"荷叶是圆的，芋头叶是椭圆的。"

"芋头叶的下面开了个口儿，像用剪刀剪开了似的。"

我问："有点像什么？"

"有点像燕尾服。"

学生的回答，得到了朱校长的高度赞扬。

学生问:"朱校长,那芋头长在哪儿呢?"

"长在地下。"朱校长说,"和红薯、花生、土豆一样,它也是长在地下的。过几天来的话,你们就可以看到农民刨芋头、红薯、土豆和花生了。"

不一会儿,我们又来到了一片棉花地。多数棉桃已经炸开了,吐出一团团雪白的棉花。不少学生叫起来:"这是棉花!"

晓明说:"我知道人们为什么叫它棉花了——炸开的棉桃多像洁白的花朵呀!"

朱校长高兴极了,说:"同学们真富于想象!棉桃炸开,虽然不是花,却胜似花,这也许就是'棉花'这个名字的由来。"

这时,不知从什么地方飞来了两只黄蝴蝶,围着棉花翩翩起舞。晓明说:"它俩可能误认为棉花真是花了吧?"

正在棉花地里凝神观察的小臻突然尖叫了一声,原来一只绿色大蚂蚱突然从她面前的地里飞出来,把她吓了一跳。

小鹏说:"这是大余乡的蚂蚱送给小臻的一个'惊喜'!"

二

夜,月光如水。

农村的田野静极了,清凉极了,只有秋虫此起彼伏的鸣叫声。我想起了在皇藏峪瑞云寺看到的一副楹联:"蝉噪林愈静,鸟鸣山更幽。"是的,秋虫的鸣叫声把月夜衬托得更加静谧、安详了。

秋虫是天才的音乐家。它们的鸣声各异,有腔儿粗的,有腔儿细的，有腔儿尖的，有腔儿宽的，有腔儿响的，有腔儿弱的，有腔儿长的，有腔儿短的。还有的秋虫能发出"嘟，嘟——"的一长串清脆鸣叫，像琵琶的轮弹，像颗颗珍珠落玉盘。鸣叫声时而疏，时而密，时而断，时而续，鼓而不噪，杂而不乱，和谐动听。

忽然有人提议："我们捉迷藏吧！"

"好的！"我说，"以这条路为界，男生在路北，女生在路南，不要踩坏庄稼呀！"

学生们在田野里尽情玩耍，叽叽喳喳的喧闹声打破了夜的宁静。月明星稀。稀疏的星星眨着快乐的眼睛，似乎在分享着我们的欢乐与美好。秋虫的鸣叫声似乎减弱了，成了我们活动的背景音乐。

忽然，有一位女生跑到我跟前说："于老师，有两位女同学找不到了。"

我悄声说："再搜！注意草丛和大树。"

我和几位女生顺着一条小沟向南找。月光下，见前面有一个黑影向我们走来，正是我们要找的小皎。小皎说："你们干吗不来找我呀！我一听周围没动静了，心里有些害怕，就自动走出来了。"

"吓出一个来了！"我笑着说，"还有一个亚楠呢！大家再找找。"

一会儿，眼尖的燕子大叫一声："看见你了，快出来！"

同学们向前看去，只见有个土堆，并无人影。

"她就藏在土堆后面！"

学生们包抄过去，把亚楠捉住了。

忽然有一位男生大声说："这土堆是不是一座坟墓？"

听了这话，几位胆小的女生吓得直往我身后躲。

亚楠说:"这里哪会有坟墓!就算是,我也不怕!"

说完,她站在土堆上大声叫道:"我亚楠来也!"

我说:"这不是坟墓,是农家肥堆成的粪堆,等秋收后,农民把它撒到地里,翻好地之后,再种小麦。"

我们走到大路上,学生们不愿回去,要求我讲故事。我说:"今天晚上,在野外,咱们就讲个《聊斋》里的故事吧!"

一女生大叫:"《聊斋志异》——鬼话连篇,我们不听!害怕!"

"那么,趁着月色,我就讲个'趁夜晚,出奇兵,突破防线;猛穿插,巧迂回,分割围歼'的《奇袭白虎团》吧!"

月光下,大路旁,学生听我讲故事。直讲到月亮偏西,星星眨眼,我们才回到大余小学。

秋虫似乎没有休息的意思,它们还在不停地鸣叫着,前后左右,此起彼伏。

三

大余小学的学生们每天早上都要赤足围着学校跑步。这里是沙土地,很适合赤足跑。

入乡随俗。第二天早晨来到校门口,我率先脱掉鞋袜,学生们纷纷效仿,我们跟随在朱校长的后面跑起来。脚踏着潮润的沙土地,有些凉,但很舒服。大概跑了三圈吧,朱校长叫我们停了下来,说:"你们这是第一次赤足跑,适可而止。"

我大声说:"同学们,拿着自己的鞋袜,跟我洗脚去!"

我们来到校门口不远处的一个大池塘。池水很清，周边全是细沙土，没长水草。我站在池塘边说："今天，咱们全班合用一个大脚盆洗脚。你们用过这样的大脚盆吗？"

同学们笑起来，纷纷站进水里洗脚。

池塘的四周站满了学生，一双双脚丫激起的涟漪向池塘中央漾去。四面八方的水波，一波一波地漾到池塘中央，便融为一体，变为平静。前一波平了，后一波又漾了过来了……这是一幅多么有意思的画面哪！

"于老师，我们没带擦脚布！"

"先赤着脚穿上鞋。过一会儿脚半干了，再穿袜子。"

同学们赤足跑步，收获了一种别样的感受；在池塘这个天然的"大脚盆"里洗脚，又收获了一种别样的感受。

四

大余小学朱以勋校长爱鸟是出了名的。《人民日报》、中央人民广播电台等媒体曾报道了他的事迹，并称其为"鸟痴"。

我们参观了朱校长的标本展室，他亲自为我们讲解。他向我们介绍了几十种鸟，对于每一种鸟叫什么、它的生活习性怎样，他都了如指掌。最后，应我的要求，他又向同学们讲了他爱鸟、护鸟的生动故事。

接着，我们参观了大余小学植物园。植物园里树木参天，有落叶树，也有四季常青的树。各种鸟儿在树上嬉戏、歌唱。朱校长说："建植物园主要想为鸟类提供一个栖息地，提供一个乐园。'凤栖梧桐'，有了树林，鸟才会来，无论是城市还是农村，都是如此，所以我们要植树造林，不仅为了鸟类，也为了我们人类自己。"

从植物园出来，我们准备返程。汽车刚要发动，从校园的阁楼里飞出一群鸽子，从我们的汽车上空飞过。

朱校长说："这是我们学校的鸽子在为你们送行。欢迎你们再来！"

学生们把手伸出车窗，向空中的鸽子挥手，转而向朱校长和送行的大余小学师生挥手。

17. 一句话的事

2017年教师节，我应邀参加徐州市大马路小学1967届六年级三班的同学聚会。他们小学毕业已整整半个世纪了。

我是第一次参加这个班的学生聚会。50年来，只偶尔见过其中几位同学，大多数同学是50年后第一次相见。1967年他们小学毕业，多数是13岁，个别14岁。如今，他们都60多岁了，最大的有64岁了。满头白发的我望着满头白发的学生，一双老手握着一双双已不再柔嫩的手，不禁让人思绪万千，感慨岁月无情。

一位来得稍晚的女生握着我的手说："于老师，您还认得我吗？"

我端详了老大一会儿，试探地问："你是曹亚玲吧？如果我没猜错，你就是我认出来的第二位同学了。"

学生们鼓起掌来，说："于老师好记性！"

"几十位学生，只认出了两位，这叫好记性？你们好记性的标准定得太低了吧！"

当年英俊的少先队大队长，如今已皓首苍颜的王守朋说："于老师，50年前您就告诉我们要学会欣赏别人。我们同学相处6年，今天见面，好多人我都不认识了。您才与我们相处几年？只有2年。"

我慨然道："没想到，时光老人居然也无情地把你们涂改成老人了！

在我的记忆中,你们一直是戴着红领巾的少年儿童。"

"它改它的,我们乐我们的!"守朋乐呵呵地说。他的目光清澈而有神,一双黑黑的、长长的浓眉毛向上扬着,眉宇间颇有几分侠义之气。

曹亚玲说:"于老师,我又爱您,又恨您。爱您,是从您为我们上第一节课就开始了。您还记得吗?课一开始,您就说,看着你们一双双求知若渴的眼睛,我感到责任重大。你们是祖国的未来,你们就是未来的科学家、工程师、作家、医生、工人、教师……同学们,好好学习,刻苦读书吧!于老师愿做你们的朋友,和大家一道努力!于老师,那时你很年轻,说话很有激情。我听了以后可激动了!我记住了您的话,学习不止,读书不止。从那时起,我决心将来做一名教师或工程师!"

这届学生,只正式受过6年小学教育。1967年下半年,他们升入中学,就"天下大乱"了。但亚玲没有随波逐流。学校停课,她不停,坚持自学,坚持读书。1974年,她考入了徐州师范学院(即现在的江苏师范大学)学化学。毕业后分配在徐州钢铁厂工人子弟中学教化学,后又到徐州医学院(即现在的徐州医科大学)任教,2002年晋升为副教授。

亚玲对我说:"您的讲话激励了我,使我有了理想和追求。我一直坚持学习,机遇一旦来了,我便抓住了。机遇真的是给有准备的人准备的!"

我说:"你有一双永远含笑的眼睛,注定你会是一名优秀的老师!"

"于老师,是您那双时刻含笑的眼睛影响了我呀!不过,您还别说,我刚参加工作不久,有一年全市中学统考化学,我教的班考了个全市第一,徐州市教育局的赵立伯老师专门到我班去调研,还夸我是个好老师呢！我一下子出名了！"

"那，为什么还恨我呢？"

"于老师，开学的第一节课，您还讲过这样一句话呢。您说，人要有自理能力，不但要自理，还要帮助家长做些力所能及的事。您说，您从上小学五年级开始就自己洗衣服。那时我正好读五年级，就学着您，不但自己洗衣服，还帮大人洗。直到现在，我还是家里的'第一把手'呢！几十年了，累死我了！于老师，我能不'恨'您吗？"

说罢，朗声大笑，她的目光里又多了一份儿时的调皮。我脑海里瞬间"复制"出了她童年的形象。

后来这个班还有几位同学读过大学，李燕就读于徐州医学院，成为一名优秀的医生。

就是一句话的事。老师的一句话——有时甚至是不经意的一句话——往往能成就一个人。

一句话能成就一个人的例子很多。

学生李明的故事，我在一篇文章中曾提到过。我是他小学五、六年级的班主任。我刚接班时，他父亲就坦诚地对我讲："李明这孩子什么都好，特别喜欢画画儿，但数学不行，遇到应用题，他总是绕不过弯儿来。"

果然如此，李明的数学经常考不及格。为此，他十分苦恼。

我对他说："各人有各人的特长，数学课上你只要认真听了，努力学了，习题用心去想了，能学到什么程度就学到什么程度。但是，画画儿，你是全班第一，字也写得不错。你好好读书，好好画画儿，好好练字，将来定有出息！"

听完我的话，他脸上有了一抹阳光。

我请他担任班级黑板报的版面设计师和插图员、抄写员。他非常用心，每期的插图都会博得同学们的称赞。"设计师"这个头衔，在他和同学的眼里多有分量啊！

有一次数学测验，李明又没考及格，很沮丧。我看着刚出的一期板报上的插图，说："李明李明，画画儿最行！大家向后看，昨天李明画的黑板报上的插图多美呀！李明不愧是咱班的第一画家！"

大家报以热烈的掌声，李明脸上顿时阳光灿烂。

后来，李明通过自学，考取了一所大学的美术系，成为一位很有名气的画家。

一天，他和几位同学约我吃饭。席间，他再三举杯感谢我："于老师，您的一句'李明李明，画画儿最行'给了我多大的激励和安慰啊！您的这句话，使我看到了自己的长处，立志当画家。没有您的激励和指引，我哪里会有今天哪！"

是的，就是老师一句话的事。

还有一个故事。这个故事的主人公叫松涛。松涛学习很用功，但学习成绩始终平平。但他的手很巧，每次手工制作都很精美。有一次手工课上，他用筷子和皮筋"搭建"了一座"拱桥"，在上面摆了五六块砖后，"拱桥"都安然无恙。

我高兴地说："咱们松涛心灵手巧，将来一定是名能工巧匠！"

他还会修理钢笔。谁的钢笔坏了，下水不畅了，他三下两下就弄好了。大家给他起了两个昵称，一个是"义工"，一个是"巧匠"。平时，大家仍旧叫他松涛，一旦叫他"义工"或者"巧匠"，那准是钢笔或者削铅笔刨刀出问题了——他还会修刨刀，不知是跟谁学的，也许是无师自通。凡是心灵手巧的人，都有这个本事。

若干年后的一天，我在街上碰到了他。他告诉我，他高中毕业后拜师学了三年的汽车和家电修理，现在供职于两家公司。

他说："于老师，您知道我学习成绩很一般，但您说我'心灵手巧'，让我找到了自我。您还说，三百六十行，行行要人做；三百六十行，行行出状元。这话对我启发更大。现在，我天天忙得不亦乐乎，但心里很舒坦，因为我看到了自己的价值。于老师，我现在仍旧是咱们班的义工。"

"不是找你修理钢笔或刨刀吧？"

他笑了。

"于老师，我也是您的义工，今后您的家用电器出毛病了，汽车出故障了，打电话找我！"

这是不是"一句话的事"？一句话，让学生找到了自我，挺起了胸膛。

18. 粉笔头的故事

每次师生聚会，长书和志刚都会谈起我的粉笔头的故事。

长书是我1962年秋至1965年夏教的学生，从三年级教到五年级。志刚是我1965年秋至1967年夏教的学生，从五年级教到六年级。这两位同学讲的，其实不是什么好故事，但我觉得挺有意思。

长书的故事比较简短。

一天上语文课，于老师讲的是《金银盾》，但是我没听，在下面偷看小人书。正看得入迷，一个粉笔头打中了我的前胸。我赶紧把小人书放进桌洞。这是我第二次领教于老师的厉害了。

第一次是刚开学不久，我上课摆弄玩具手枪，被于老师的粉笔头打中了右臂，袖子上留下了一个小白点。那时，我还站起来"义正词严"地质疑于老师："老师怎么打人？"

于老师说："我不是打人，是用粉笔头砸人。其实也不是砸你，我是派它过去给你提个醒儿——别玩儿了，上课注意听讲。粉笔头是我的友好使者。"

停了一会儿，于老师又说："要是你不看小人书，手里拿着盾牌一挡，我就砸不着你了。"

我嘟哝了一句:"我哪里会有什么盾牌!"

"书上有哇!还是'金银盾'呢!不信,你拿起课本看看。"

我读完了,才明白了于老师的意思,脸上顿时发起烧来。

志刚的故事小有波折,因而更多了一些情趣。

一天上语文课,我正低头玩儿奇妙的万花筒。"啪!"不知什么东西砸到了我的头上。我抬头一看,只见于老师左手拿着语文课本,右手背在身后,正专心听一位同学读书。再看其他同学,也都在专心听课,没有任何异样。于是,我又低头玩儿了起来。不一会儿,又听"啪"的一声,一个东西又砸在了我头上。这时,我看到了落在地上的粉笔头。哦,原来是于老师砸的!但一看于老师,还是左手拿书,右手背在身后,一副认真听同学朗读课文的样子,好像什么事也没发生。我心想,于老师装得还挺像呢!我不敢再玩儿了,连忙拿起语文课本。

这时,只听于老师说:"下面请志刚接着往下读。"

我顿时慌了手脚——刚才那位同学读到哪儿了,我根本不知道!同学们笑起来。幸亏同桌的提醒,我才结结巴巴地接着读了下去。——那么长的一篇课文,只剩下最后一个自然段了。

读完课文之后,于老师说:"你的玩儿心大,胆子更大,对我的第一次警告竟敢置之不理,视若无睹,这还得了哇!"

我说:"我看您听得那么专心,右手还背在身后,不像是您砸的呀!再说,我坐在最后排,离您那么远,您怎么会砸得准呢?"

同学们都偷笑了起来。我的同桌说:"我看见于老师砸你了,但我没告诉你。"

我小声骂了他一句:"坏蛋!"

志刚的故事讲完了,聚会的同学听完,都发出会心的笑声。没想到,50多年前我和学生共同书写的错误竟成了美好的回忆。

志刚给我敬酒的时候,笑嘻嘻地问:"于老师,您怎么砸得那么准?真是'弹无虚发'呀!"

我笑道:"这可是童子功!我小时候常常和小伙伴们在铁钉的后面扎上红布条,用来当手镖,向树干上投掷,我的命中率最高,被小伙伴们称为'神镖手'。"

志刚故意嘘了一口气说:"幸亏从那以后我改掉了上课做小动作的毛病,不然少不了挨砸。如果您用的是当年的手镖,那准会砸得我头破血流!"

"干杯!"我站起来说。我们在欢笑声中,碰杯,仰脖,一饮而尽。

我们允许学生犯错误,也应允许老师犯错误。允许学生犯错误,是因为他们还小;允许老师犯错误,是因为他们还没修炼到家。

因此,后来我当了学校的干部后,对个别刚参加工作体罚过学生的年轻老师,从来没有在公开场合批评过。因为,我的粉笔头的故事,都发生在我工作不久的时候。

19. 家访的故事

一年秋季开学，校长要我接一个谁都不愿意接的班——五年级二班。我拍着胸脯说："'天下事难不倒共产党员！'没问题，这个班交给我啦！"其实，那时我并不是共产党员，只因为喜欢京剧，《红灯记》里李玉和的这句唱词就从嘴里"随便溜达"出来了。

原班主任私下里对我说："这个班有几个差生，常常把课堂搅得鸡犬不宁。志安是一个'双差生'，只要批评他，他就会把头扭向一边，外号'拧筋头'，你要特别注意他。"接着，又把他的外貌描述了一番：中等个儿，长脸，大眼睛，黑皮肤，留小平头。——这里交代一句：那时人们称学习不好，又不守纪律的学生为"双差生"。

第一节课，我一进教室，就"按图索骥"，很快就认出了志安。他长得很像我教过的一位叫志君的学生。我走到他跟前，问："你认识志君吗？"

"他是我哥哥。"

我果然没猜错。我说："志君是我教过的学生，是大班长，我的得力助手。你叫'志'什么？"

"我叫志安。"

"认识你我很高兴。没想到，你们兄弟俩都成了我的学生。"

他有些坐立不安。

我说:"志安志安,听名字,你一定是个安分守己的人、安心学习的人。"

他更坐立不安了,大概是被我"敬"怕了。——打,能把人打怕;敬,也能把人敬怕。

一节课下来,没见他调皮捣乱。几天下来,他都很安生。我在班里说:"志安果然是个安静上课、安心学习的学生。"

开学不久,学校包场看电影。虽然学校包场,每人只收8分钱,但志安没有交。班长悄悄对我说:"他家里生活困难。"我说:"我替他垫上,看电影时,你叫上他,但现在不要对他说。"

看电影的那天下午,志安对我说:"谢谢您为我垫钱,但是这电影我不能看,妈妈知道会不高兴的。"

我说:"你对你妈说,看电影也是上课,你不能缺课。"

一个星期天的下午,我来到他家。志安的母亲以为我是来"告状"的,落座后,满脸赔笑,再三说:"于老师,志安让您费心了!这孩子是个'拧筋头',不听话,和他哥哥完全相反。唉,您说,同是一个娘生的,怎么差别这么大呢?"

志安站在屋子里的一角,像个犯错误的学生在等待老师的批评似的。

我说:"您说他是个'拧筋头',我怎么看不出来?开学以来,志安表现不错。第一次默字,他错了三个,最近一连两次默字,他都全对,进步很大!学习是个慢工,每天有一点收获,每天有一点进步,久而久之,就会赶上或者超过他哥哥。孔子不是说过吗?能'日知其所亡,月无忘其所能'就很不错了！我是来向您说说志安的进步的！"

其实，我这次来是想了解志安的家庭状况。自从听班长说他家里生活困难，我就有了家访的念头。

志安的母亲说："志安的父亲因病去世了，街道虽然为我安排了工作，但一个人带着两个孩子生活，还是有困难。每个月政府都要救济一些。他哥哥很让我省心，就是老二不争气，调皮、脾气倔，学习又不好……唉，于老师，让您费心了。"

我说："我会尽力的，把志安交给我，您就放心吧！"

见天色还早，我便问志安家庭作业做好了没有。还好，他都完成了。我逐一做了检查。我让他取出语文课本，把星期一要学的那篇课文读给我听听（这也是家庭作业之一——把下星期要学的课文读两遍）。我为他纠正了几个字的读音，然后又朗读了一遍给他听。他妈妈也像小学生似的，坐在椅子上专心地听。读罢，他妈妈高兴地说："于老师读得多好哇，像讲故事似的！"

我对志安说："你再好好练练，明天上课时，我请你朗读，你一定要给大家一个意想不到的惊喜哦。以后我还会辅导你朗读。"

第二天的语文课上，志安的朗读果然让同学们刮目相看。

自从那次家访后，志安不再是"被遗忘的角落"，我对他特别关照，课堂上，我经常让他读书、到黑板上听写词语。我会一个字一个字地教他书写，一句话一句话地教他朗读。一句话连着教他读三四遍的情况是常有的。我还经常请他帮我做些事，例如收、发作业本等。

一次做课间操，一位同学踩了志安一下，双方争执起来，差一点动起手来。我严肃地批评了他，暗暗地等待着他做出"把头扭向一边"

的"拧筋头"的"标准"动作,但始终没有。他只是把头深深地低着,眼睛有些潮湿。

自从那次家访后,学校每次包场看电影,志安的电影票钱都由我来代他交。徐州市工人文化宫电影院离我校很近,我们两家关系很好,每来新片,电影院都会为我们师生安排一场,有时还会应我们之请放映一些老电影。看老电影更便宜,每人只需交5分钱。

自从那次家访后,我更感到老师到"学困生"、调皮学生家里访问的必要性。我班中的"学困生"、调皮学生家里我都一一去过。好在那年头没有所谓"择校生",小学生都住在学校附近,而且大都住平房,家访很方便。我从不向家长告状,每次走进学生的家门,总是说"路过这里,顺便来坐坐"。有时候,还会带给学生一份小礼物——书。

走进学生家里,我会收获另一种体验。这种体验叫"心灵的贴近"。老师和家长、老师和学生,一旦心灵贴近,心灵相通,情感融洽,就会互相包容。我发现,学生的家,是老师、学生、家长心灵沟通的最好场所之一。老师一走进学生的家,家长出迎,倒茶,三方叙谈……确实会产生一种别样的感觉,会收获别样的教育效果。

志安高中毕业后参军入伍,成了一名解放军战士,驻守在舟山群岛。他在部队表现出色,荣立过三等功。他在第一时间,就把立功的喜讯告诉了我。

多少年过去了,志安还常常来看我,讲述他不知讲过多少遍的我为他垫钱买电影票的故事、指导他朗读的故事。

他母亲不止一次地对他说:"孩子,什么时候你都不能忘记于老师呀!"

志安对我说:"妈妈每次这样说的时候,总是眼里噙着泪花。"

每每听他这样说,我就会想起教育家夏丏尊先生的话:

教育上的水是什么?就是情,就是爱。教育没有了情爱,就成了无水的池。任你四方形也罢,圆形也罢,总逃不了一个空虚。

我自以为我的教育不空虚,因为我有情,我的情无处不在。

蹲下来看学生。／摄于 2006 年／

20. 中庸的智慧

一

有一年，我带的班里有两个叫刘扬的学生。为了便于区分，我和学生管个儿高的叫"大刘扬"，管个儿矮的叫"小刘扬"。直到如今大家还如此称呼，即使两人不同时出现——习惯了。

小刘扬的爸爸是军人，住学校西边的部队大院——这个部队家属区较大，附近居民都称其为"部队大院"。

小刘扬是个机灵鬼，爱笑，活泼好动，有时也调皮，但不讨人嫌。

一天下午，课外活动时，他来到办公室，低着头，嗫嚅道："于老师，我……我犯错误了。"

"看你说话的样子，好像犯的错误还不小呢。"我搬了把椅子，请他坐下。

"今天中午，我和亚军上学，见大院里停着一辆卡车，我爬上去一看，里面装的是黄瓜。我们见四下无人，就偷吃起来。"

"你吃了几根？"

"一人吃了一根，黄瓜又粗又长。"

"你们傻了，嫩黄瓜好吃，干吗吃大的呀！过去有人讽刺乡下人，说'乡下人，不识货，专拣大的摸'。你们城里人怎么也'专拣大的摸'啦！"

小刘扬低着头，想笑，但没有笑出来。

我说："小刘扬，你能知错认错，很好。这事我知道就行了。你回去千万不要对亚军说你'自首'了，更不能说你把他也交代出来了。"

亚军早就在观察小刘扬的动向了。他也想认错，可是缺乏认错的勇气。

我装着什么也不知道。第二天上语文课，我照样请亚军朗读课文——他是我班的朗读能手。但，显而易见，他脸上少了往日的天真和活泼，目光总是避开我。

第三天一早，学生晨读时，我走到亚军跟前，嘴巴贴着他的耳朵，轻声问："亚军，偷来的黄瓜好吃吗？"

他的脸唰地红了。

"读书吧！"我拍了拍他的肩，向讲台走去。

自此，我再未提这件事，直到亚军小学毕业。

30年后的一天，我到北京讲学。北京大学中文系本科毕业后，又接着在北京大学读完法律系研究生的亚军，那时在中国民航总局公安局工作。中午，他请我吃饭时，才重提此事。

亚军说："于老师，我听说小刘扬向您承认了错误，心里又紧张又害怕，生怕您在班里指名道姓地批评我，这种事多丢人呀！您却若无其事似的，第二天该怎么对待我还怎么对待我，我心里更毛了。没想到第三天，您只对着我的耳朵小声问了一句：'亚军，偷来的黄瓜好吃吗？'虽然您是悄悄地笑着说的，但我心里有说不出的难受和后悔！"

我说:"这叫'冷处理'。如果我在班上公开批评你一通,你肯定受不了,那就叫'过头'。两天不找你谈话,你肯定会内省,能内省了就行了。所以,到了第三天,我只是一'点'。如果我不点一下,叫'不及',不及也不行,达不到教育的目的呀。我的做法叫'取其中',取其中才能恰到好处。"

亚军说:"于老师,您对中庸之道很有研究呀!"说完敬了我一杯酒。

我说:"当时我为什么'冷处理',还有个重要原因,就是我像你们这么大的时候,偷黄瓜这种事我也干过,干得最多的是偷梨——我的老家山东莱阳梨园很多。老师要理解学生。有了理解,才会有'冷处理'。"

亚军站起身,又为我敬了一杯酒。

二

一天,校长带着一位家长和一位小学生来到我办公室,落座之后,说:"于老师,今天给你介绍一位学生,慕你的名而来。这位是他的家长——我以前的学生。你要给我点面子呀!"

我把学生从上到下打量了一番,说:"校长,对不起,这个面子不能给。这位学生,恕我不能收。"

校长对我的断然拒绝大感不解:"怎么二话不说就一口拒绝了呢?"

"校长,您有所不知。这孩子一看便知是个调皮的学生,是个打架大王,即使不是大王,也是位勇士。"

校长问他的学生："你孩子好打架？"

该家长尴尬地说："是……是跟同学打过架。"说完，连忙向我敬烟，满脸赔笑。

"谢谢！我不会抽烟。"我说。

片刻，我又说："不过，既然校长说了，我也不能真拒绝，他以后给我小鞋穿我可受不了。这样吧，您的孩子必须当面向我保证，今后不再打架。一旦打架就把他退回原来的学校。"

孩子当场向我表示今后不再打人。

第二天，家长把学生送到学校。我告诉他，班里要开个欢迎会，请他也到教室去坐坐。

上课铃响了，我和这位家长以及他的孩子一起来到教室，全班学生热烈鼓掌欢迎，黑板上用红色粉笔写着"欢迎新同学"几个大字。我先请新同学做了自我介绍——姓甚名谁，从哪所学校转来的。然后请班长致欢迎词，他的新同桌——学习委员也讲了话，最后我又讲了几句。结束时，全班同学以热烈掌声欢迎新同学入座。

家长非常感动。这个简短但热烈、隆重的欢迎会是家长和他的孩子始料不及的。

一个学期下来，这位新来的学生——杨洋，成了一位很优秀的学生。家长在校长面前直夸我好。

后来，校长问我："你是怎么知道杨洋好打架的？你会相面？"

我说："会。我真是从他的面相上看出来的。"

"怎么看出来的？教我一手。"

"你没看见杨洋脸上那竖一道、横一道的疤痕吗？这样的面相说明什么？"

校长恍然大悟。

我对校长说:"我之所以一开始说不收杨洋,就是为了给他一个警示。真不收,您能饶了我?不给我小鞋穿才怪呢!不收,叫'过';一声不吭收下来,达不到教育的目的,叫'不及'。先警示一下,再收下来,叫'取其中'。《战长沙》这出戏里魏延杀了韩玄投降刘备,诸葛亮为什么还要杀他?这里面就有中庸的智慧。"

校长频频点头。

我接着说:"第二天我之所以开了个欢迎会,并邀请他父亲参加,也有抚慰他们的意思。头一天我的所作所为,肯定给家长和学生带来了一些压力,甚至让他们感到没面子。开个欢迎会,家长和学生在心理上会得到一些平衡。"

校长笑了,露出一口丰县人特有的微黄牙齿——校长是江苏丰县人。

三

小常的数学成绩在班里是数一数二的,他计算速度之快,班里无人能及。每次数学考试他都第一个交卷,而且有愈来愈快的趋势。教数学的侯老师发觉不大对头,我也觉得他有点逞能,用今天的话来说,就是有点"显摆"的意思。我说:"找个机会提醒他一下。"

有一次考试,他一如既往,交了头卷。侯老师当场做了批改——他只得了 95 分。原来最后一道应用题,他计算对了,但在写"答"的时候,把小数点丢了。侯老师为了压压他的浮躁和显摆心理,给他扣掉了5分。我非常赞同。可扣5分等于全错呀！小常很不服，说："我只写错了'答'，怎么能算全错了呀？"

侯老师说："你买教具明明只花了5.5元，到了会计那里却说花去55元，这能行吗？"

哇！这个回答太绝妙了！把聪明的小常"噎"得什么话也说不出来了。

巧得很，班里还有一位叫小胜的同学犯了和他同样的错误，侯老师则按正常评分标准给他扣去1分。小常又不高兴了，说侯老师不公平。我对小常说："你考99分都得挨批评，而小胜同学考90分都得受表扬，你能和小胜一样吗？你们基础不一样，起点不一样。你考99分，就算老师不批评你，你也会自责，对不对？"

小常不再吱声。

我语气平和地对他说："请记住古人的话——宁静以致远。对你来说，特别需要一个'静'字。如果你在学习上做到了静心、专心、心无旁骛，成绩会更优秀。"

小常不再说什么。停了一会儿，我又说："大家都叫你数学家。数学家更需要冷静的头脑，数学讲究的是准确，一就是一，二就是二，是不是，数学家？侯老师给你泼一瓢冷水，就是为了让你冷静下来，因为你需要的是静心；之所以给小胜只扣1分，因为他需要的是鼓励。"

小常脸上浮出了笑容——服了。

所谓中庸的智慧，说白了，就是做事要把握好度。

其实，我的教育故事，都是用中庸的智慧写成的。

21. 雪中送炭

1976年7月28日，唐山发生大地震。徐州居民们纷纷在马路两侧和中小学操场上搭建起防震棚。我家的防震棚最简易，就是一个能罩住一张床的塑料棚。到了9月底，这个简易防震棚就难以为继了——夜里即使盖棉被也冷。那时女儿才一岁多，刚满三岁的儿子又患有过敏性气管炎，一受凉便哮喘，怎么在操场上过冬呢？那时，我住平房，周围没有超过二层楼的高大建筑，有人建议我，在屋内加固一下即可防震。此计甚好，可到哪里去找木料？

徐州郊区小陈庄的周队长得知此事后，为我送来一车木料！粗的、细的、长的、短的都有！我喜出望外，感动得不知说什么好。周队长说："于老师，这几年您和学生们对我们帮助多大呀！夏收夏种，秋收秋种，您都来支援我们。您每次到小陈庄，放下行李的第一件事就是为每家每户挑水，把家家户户的水缸挑满才去安顿学生的住宿；临走的那一天中午，还会再把每家的水缸挑满，就像当年的解放军一样。如今您有了困难，我们能坐视不管、袖手旁观吗？"

木料问题解决了，可谁来搭建呢？

正在我为难的时候，一天晚上，家里来了两个小伙子，开门见山地问："于老师，天冷了，您要不要加固或重新搭建一个能过冬的防震棚？"

原来这两位年轻人不是别人，是我刚参加工作时教的搬运工人子弟小学三年二班的学生，一个叫王文，一个叫永田！又一个喜出望外！

我握着他们的手说："你们怎么知道我正为此事发愁？真是鬼使神差，天助我也！"

接着，我把我的实情和想法对两位学生说了一遍。

王文打量了一下我的房间，说："加固平房是上策，坚固且永久，一劳永逸，多方便！"

永田说："巧哩，王文是木工，我会瓦工活儿，是最佳搭档，这活儿包在我们身上，保证一天完成任务！"

只一天，两人便加固完成！两间平房像坑道一般，别说八级地震，就是十级地震也奈何它不得！

一切收拾停当，师生三人饮茶聊天，聊的都是十年前我们的师生生活。

我说："你们帮我完成了这么一件大事，我心里又感动又惭愧。我觉得我愧对你们二位，特别愧对永田。"

永田心直口快，接过话茬儿说："我在班里是个捣蛋调皮的学生，天天给您带来麻烦，惹您生气，是我愧对老师。于老师，您别说，小时候挨您批评多了，长大参加工作了，对别人的批评就能正确对待。现在，我当了个小头头，也能像您一样礼贤下士、虚心听取别人的意见或建议了。"

"呦嗨，当官儿啦？"我说，"祝贺你！"

"嘿嘿，也就相当于一个小组长。还没有弼马温大。"

永田对当年罚站一事记忆犹新。下面是他讲的故事。

三年级的一天,我在课堂上和同桌拌起嘴来。说着说着,我便给了他一拳,他哇的一声就哭了。您一怒之下,责令我到教室外面罚站,说什么时候愿意承认错误了,什么时候进来。

不一会儿,我见刘校长从西边走过来,一来我怕难堪,二来怕校长批评,便躲进厕所里去了。没想到,校长也是到厕所方便的,我便脱下裤子装着解大便。等校长走了,我才从厕所里出来,又站在教室门口。

这时,您从教室出来了,问:"刚才到哪里去了?"

我把刚才的情况一五一十地全讲了出来。

您说:"既然怕难堪,就进教室吧。"

没想到,我一进教室,于老师您先认了个错,您对全班同学说:"同学们,我之所以叫永田到外面罚站,主要目的是要让他难堪,羞辱他。我伤害了他的自尊心,我要向他认个错儿,并道个歉。"说着,并向我鞠了一躬。

当时,我的眼泪一下子流出来,连忙说:"于老师,是我错了,我错了!"

于老师您接着又对大家说:"我刚才发现永田不在教室门口,就知道他躲起来了。那时,我就意识到自己错了。"

永田的故事讲完了,我再次向永田说:"你们是我工作后教的第一个班。那时我很幼稚,犯了不少错误。"

永田说:"我们最佩服您的就是这一点。您做错了事、说错了话,敢向同学们承认,有时甚至向家长道歉!刚才我讲的这件事,您就曾向我妈妈认了错。说实话,后来,我再也没有遇到过犯了错能像您这样向学生认错的老师。"

王文说:"于老师,您的好多方面都让我们佩服。同学们一见面,不由自主地就谈论起您,回忆起和您在一起的日子。这也正是我和永田来帮您搭防震棚的原因。"

王文又说:"永田小时候好和人打架,升入三年级后已经收敛不少了。"

我接着说:"但是我接班后,永田打架的事仍时有发生。和三年级一班的学生打的那次,是最厉害的一次。你们还记得吗?一天,邻班的学生骂我,说我厉害,好骂人。这话被永田听到了,厉声问道:'这是哪个小子说的?'那个男生指着自己的鼻子说:'是我说的,你小子又能怎么样?''你小子造谣!你们老师才骂人呢!'说完,一拳打了过去,那男生差一点被打倒。于是双方扭打起来。要不是我来得及时,两班男生马上会发生群殴。"

永田笑了,低下了头,好像此事刚发生似的。

我接着说:"我把永田带进教室,严厉斥责了他,让他写检查,并到三年级一班向被打的学生赔不是。后来,我亲自带他去道歉,两班男生的情绪才平静下来。——永田,活像京剧《打金砖》里的姚刚。"

永田说:"那时,我真的不情愿到三年一班道歉!"

我向永田和王文的杯子里斟满了茶水。绿色的茶叶在杯子里上下翻飞,像我们轻松愉悦的心绪。

我说:"总的来说,我那时并不会教书。好在,我喜欢你们,包括永田。"

王文说:"于老师,能成为您的学生,我们都觉得荣幸。一、二年级的时候,大家都叫永田'打架大王'。"

我说:"在教育的实践中,我改变着你们的思想,你们也改变着我的思想。无数事实说明,有些小时候调皮的学生、学习成绩一般的学生,长大后都很优秀,很有成就,而且对老师特别有感情。"

天色渐晚,二人起身告辞。

我一手拉着王文,一手拉着永田,说:"你们帮我解决了一个大问题,你们二位的到来,恰是时候,这才叫雨中送伞、雪中送炭呀!我地震无忧矣,过冬无忧矣!"

望着二位远去的背影,我又一次感到当年愧对他们,尤其愧对永田,觉得没尽到自己的责任。

我的学生给我上课来了。这课上得很及时,因为那时,我才35岁。

这堂课的主题就是:什么样的学生观才是正确的学生观。

22. 红领巾的故事

2016年6月25日，徐州市大马路小学1971届六年级四班学生聚会，邀我参加。那时，我白血病复发，正在医院治疗。学生们闻知，分作三批到医院来看我。其时，我正病得厉害，头发脱落殆尽，血象很低，几乎天天发烧。

这届学生大都离60岁不远了。我努力坐起来，与学生们一一握手。幸好我一人住一间病房，另一张床空着，加上沙发、椅子，能容得下十几个人。学生们表情凝重，眼含泪花，说些宽慰、祝福的话。我则半坐着，极力装出"我还行"的样子，说些让学生"放心"的话。

正说话儿呢，孔祥贞从包里取出一条红领巾，郑重地佩戴在我的脖子上，然后立正站好，向我行了一个队礼，说："祝于老师永远年轻！"我正儿八经地还了一个队礼，说："谢谢！接受你的'报告'！"一下子把大家都逗乐了。

我握着祥贞的手说："你们小时候，我为你们佩戴红领巾；如今我老了，你们又为我佩戴红领巾……"

我说上半句话的时候，还是笑着的，不知为什么，说后半句的时候，竟然哽咽了。

摄影师田慧方一按快门，把这瞬间化为永恒。

于是，大家打开了记忆的闸门。

连珍说："于老师，您还记得吗？有一次集会，我忘记戴红领巾，回家拿又来不及，您说：'别着急，我到办公室给你找一条。'等了半天，不见您回教室。原来，您在自己抽屉里没翻到，又到少先队大队部，从大队辅导员那里借来一条。您亲自为我佩戴好，我向您行了一个队礼，您还了我一个队礼，就像刚才孔祥贞向您行了个队礼，您还了一个队礼一样。"

接着，大家七嘴八舌地回忆了许多有趣的往事。怕影响我休息，大家讲得很简要，只是用一两句话，说了说是什么事，如"到九里山采药""用画简笔画的方式教《渡口》这篇课文"，等等。

执教《渡口》一课值得说说。

一次，我教学生们《渡口》这篇课文。课文中有一个"反面人物"，至于他"坏"在什么地方，我已经记不得了。课文中有一段关于这个人物的外貌描写。学生读一句，我就在黑板上画一笔。这段外貌描写的话读完了，这个人物的肖像就"复原"在黑板上了。记得这段描写的第一句是"瘦长脸，留着光头"，学生的话音一落，我就在黑板上勾勒出了一张像宝葫芦似的脸；学生读完"八字眉，小眼睛"，我又画上了眉毛和眼睛；读完描写鼻子和嘴的句子，我又添上了鼻子和嘴。书上没写耳朵，但最后我为他加上了耳朵。霎时间，抽象化为形象！学生们欢呼雀跃，小陈的红领巾笑歪了，前后换了位置；小蔡竟取下红领巾挥动着，高呼："好，好！"

学生读书的劲头更足了，他们自己头脑中"还原"出来的形象，肯定会更加丰富多彩。

画板画是我经常运用的教学手段，我执教《草》《翠鸟》《壁虎》《松鼠》《燕子》《惊弓之鸟》等课文时都画过。板画可以化抽象的文字为形象的图画，有助于儿童理解课文、提高儿童上语文课的兴趣，还可以赢得学生的钦佩，树立自己的威信。在教学中，老师如能恰到好处地展示自己的才华，学生就更容易"亲其师"，进而"信其道"。教育就会变得简单而有效。

丁建的故事有点"惨"。

一天上体育课，体育老师正带着学生热身——跑步。丁建像个醉汉似的，跟跟跄跄，东倒西歪，还不断招惹前面的同学，要么推人家一把，要么拽人家一下。

我站在走廊里冲着他大吼一声："丁建！"

他光顾捣乱了，压根儿没看见我正站在走廊上看他们上体育课。

他立刻改变了刚才的醉汉形象。

"丁建出列！"我又吼了一声。

丁建乖乖地走到我跟前。

"为什么叫你出列？"

"我没好好跑步。"

"你看，你的红领巾都不满你的行为，歪到一边去了。你还配戴红领巾吗？"

他竟立刻把红领巾取了下来。

"你要退出少先队组织，是吗？来，把红领巾交给我吧。"我说。

他真的把红领巾交给了我。

"我的意思是要你做一个配戴红领巾的队员！"

丁建欲把我手中的红领巾取走。

于是,我亲自为他重新戴好红领巾,说:"请你把我刚才说的话的意思重复一遍。"

"你不配戴红领巾。"

"我?"我故意把"我"说得很重,"看来,你具备了把反问句改成叙述句的能力。"

他连忙改为:"我不配戴红领巾。"

"我说话的真正意思是什么?"

"你要我做一个配戴红领巾的队员。"

"归队!"

…………

那天,学生们走后,他们的身影一直在我的眼前浮现。恍惚中,我跟着回忆的故事进入了梦乡,在梦中续写着我和学生的新故事——我又带领着他们上九里山采中草药,又到云龙山讲故事,又在教室里上《渡口》,学生朗读,我画板画,画完最后一笔,学生热烈欢呼,为我献花、戴红领巾……

23. 象牙筷子

我教的三年级二班有个叫启虎的男生，中等个头，留着"一边倒"的发型，头发微黄，皮肤白皙，大眼睛，双眼皮，樱桃小口。如果他的头发再留长一点，说他是一个小女孩儿，绝对没人怀疑。但他调皮，鬼点子多，学习也不知努力。

尽管我布置的家庭作业很少（那时，我既教语文，又教数学），可有一段时间他一连几天没做家庭作业，说是家里停电。

一个周末的晚上，在一位学生的引领下，我来到了他的家——他的家在徐州火车站附近，与学校只隔一条马路，很近。

家里只有启虎和父亲二人，他的母亲去世了，还有一个哥哥在山东泰安当兵——开坦克的。父亲是个皮革匠，二人相依为命，日子过得倒也可以。

他父亲说："幸亏您是今天来，家里一连停了几天电，今天刚通电。"

我说："启虎说了，这几天停电，没法做家庭作业。——您辛苦了，又当爹又当娘，不容易呀！"

"是啊，"他父亲说，"我一个人忙里忙外的。小虎呢，又不听话。"

"小虎这学期进步比较大，也比较懂事，学校里的事，您就交给我吧，您别担心。"

临走的时候，我对启虎说："你今后别做让爸爸烦心的事，在家里多帮爸爸做些家务活儿，刷碗啦，择菜啦，能做的尽量做。你看你爸爸多辛苦哇！学习上遇到困难你就对我说，我会帮助你。以后，我还会到你家里来的。"

第二次家访，我记得还送给他几支铅笔和一个刨刀。有时候，他晚上还会跑到学校找我聊天，或请教数学上的问题。他父亲对他在家里的表现也比较满意。

不久，报上公布了雷锋的故事，少先队大队部要举行"向雷锋叔叔学习"的主题队会，大队辅导员彭老师请我画一幅雷锋像。一天晚上，我正在校长室挑灯夜战，启虎推门进来了。

我问他："天这么晚了，还到学校来？"

他没有回答我的问题，而是被我的画吸引住了，连声说："画得真像，画得真像！——于老师，你还会画画儿！"

直到我画完了，他还没有回家的意思，目光忽然变得忧郁、暗淡起来。

"怎么啦，有事吗？"

他欲言又止。

停了一会儿，他说："我要能有一双象牙筷子就好了。"

"什么意思？"我莫名其妙。

"人家说，如果饭菜里有毒，用象牙筷子一试就能知道。"

我越发不明白了。

半天，他终于说了原因——他爸爸为他娶了个后妈。他还说，人们都说后妈心狠，会在饭菜里下毒，毒死不是她亲生的孩子。

我把椅子挪到他跟前，说："这都是无稽之谈，胡说八道，哪有无缘无故把别人的孩子害死的！你要做到两点。第一，对后妈态度要好一点儿，要主动和她说话，万一发生矛盾，千万别犟嘴。第二，她为你做饭做菜，即使不合口味，也要说好吃，为你洗衣服，你一定要说声'谢谢'。时间长了，你们就会有感情的。"

"爸爸让我叫她'妈'，可我叫不出口。"

"暂时不叫也可以。启虎，你需要个妈妈，你爸爸太累，家里需要有个人帮助他。当你看到妈妈这也做那也做，把家里收拾得井井有条的时候，当你每天回家能及时吃上热腾腾的饭菜的时候，当你换上妈妈洗得干干净净的衣服的时候，你会感到幸福的，不叫你喊妈你也会喊的。——这样吧，过几天，我到你家去一趟。"

自从我得知启虎母亲得病去世后，心中对他便产生了一种别样的怜悯。今天他向我袒露内心，我对他更加同情了。

此后，我经常询问他的家庭情况："每天回家能及时吃上热饭热菜了吗？""家里有人整理了吧？"

一天晚上，我踏进了启虎的家门，看到整个家焕然一新。我说："这个家大变样了！看，什么都干干净净的，什么东西都摆放得井然有序，和以前大不一样了！家里没有女人，真不行啊！"

启虎的妈妈得知我是启虎的老师，不好意思地说："不知道老师今天来，家里还是有点乱。"

落座之后，我对启虎说："你拿出写字本，写一个'安'字，'平安'的'安'。"

启虎写好后，我对他说："'安'上面的宝盖头表示房子，房子里有女人，家里才平安、祥和，才是真正的家。你看，你妈妈来了以后，家里变样了吧？饭菜有人做了吧？衣服有人洗了吧？早上有人叫你起床了吧？来，向妈妈鞠个躬，说声'妈妈，您辛苦了，谢谢您！'"

见启虎不好意思，妈妈说："别难为孩子啦，这些事都是俺应该做的。"

我说："滴水之恩，涌泉相报。咱们简化一下，启虎只要鞠个躬，并叫一声'妈妈'就行了。"

启虎终于喊了声"妈妈"，并鞠了个躬。我为他鼓掌，他爸妈喜得合不拢嘴。

对儿童来说，美的发现——包括对亲情的感受——是需要引导的。对启虎来说，对继母的关爱，更要从细枝末节中去体会，并学会感恩，知恩图报。这个"报"，对儿童来说，就是一个"谢"字，就是喊一声"妈妈"。

一天，我见他换了一件崭新的上衣，便问是谁给做的，他回答"是妈妈做的"。我端详着他胖乎乎、红扑扑的小脸蛋儿说："启虎呀，你发现没有，最近你胖了。"

他幸福地笑了。

"你还需要一双象牙筷子吗？"

他笑着跑开了。

24."多看美的东西"(一)
——赏菊的故事

在百花园中,就花的色彩来讲,能称得上五颜六色的,菊花应该能跻身前几名吧?就花瓣的形状和花的姿态来讲,菊花应能称得上千姿百态吧?就耐寒的品格来讲,除了蜡梅以外,能与菊花相匹敌的,可能少之又少。

我爱菊花。见了菊花——哪怕只一盆——我都会驻足观赏,就像欣赏一幅书法作品或一幅图画。

徐州人特别爱菊。到了秋天,许多街巷两旁都摆出菊花,许多单位,比如商店、银行、饭店、邮局、机关都有陈列菊花的习惯。许多人家也喜欢把菊花请进客厅、阳台,还有人家喜欢把菊花摆在大门口。

每年秋天,各大公园都有举办菊展的传统。

我当班主任的时候,绝不会放弃带领学生参观菊展的机会。

多数菊展的举办者都会将菊花的名字写在一个精致的小牌子上,插在花盆里。这些名字大都以菊花的花瓣、姿态及色彩命名,富有诗意,很有情趣,能给人以遐想的空间。

有一年秋天,我带学生到云龙公园看菊展。这年菊展的规模特别大,湖岸、假山、玉带桥、长廊、水榭、亭台、小径旁,到处都有菊花的身影。

名贵菊花的身价高，大都陈列在亭台楼阁的艺术架之上。能跻身关盼盼燕子楼的大厅或走廊中，更是菊花中的佼佼者了。

名贵菊花展区里游人如织，人人脸上挂着微笑，个个眼里含着艳羡。我不由得随口吟出了"廊下阶前一片金，香声潮浪涌游人"的诗句。

"看，'金狮怒吼'！"几位始终不离我左右的学生齐声叫了起来。这种叫"金狮怒吼"的菊花，花形硕大，呈绛黄色，花瓣宽厚，当中的花瓣紧抱在一起，四周的花瓣或舒展飘逸，或向下蜷曲，遒劲有力，很像一头怒吼的雄狮。学生们想象着，品评着。我说了一句："只差吼声了。"话音刚落，一男生"啊呜——"叫了一声。这一吼不要紧，引来了许多同学前来观赏。

女生对"胭脂点雪"和"映日荷花"情有独钟。"胭脂点雪"确实很美，花瓣蓬松弯曲，婀娜多姿，洁白如玉。更妙的是，它如雪的花瓣顶端呈淡淡的粉色，像有人给它化了淡妆，擦抹了一点点胭脂，因而更加妩媚动人。

至于"映日荷花"就更贴切了，它简直就是一盆"微型荷花"。它的花瓣和另一种叫"玉佛座"的菊花的花瓣，大概在菊花中是最为宽大的了，只比荷花花瓣略小一点。

我问大家："'映日荷花'出自哪里？"

学生齐答："出自杨万里的《晓出净慈寺送林子方》！"

"背背全诗。"

"毕竟西湖六月中，风光不与四时同。接天莲叶无穷碧，映日荷花别样红。"

不久，大家的目光又被一种叫"银叶菊"的菊花所吸引了。吸引大家的倒不是它的花，而是它的叶。它的花小小的，圆圆的，黄黄的，一簇簇的，并不夺人眼球。但它的叶子很特殊，不是绿色的，而是银白色的！形状也非同寻常，看上去有点像柏树的叶子，但比柏树叶要稀疏得多，好像只有叶脉而无叶肉似的，很像放大了的六角形雪花。我们都惊叹造物主的神奇，惊叹大自然的鬼斧神工。

我说："没想到叶比花美，比花神奇！"

小冬说："这叫'喧宾夺主'！"

真的，每一种菊花都是一首诗，都值得我们品味。

同学们徜徉在菊花的世界里。

运武同学发现了"鸳鸯菊"。这种菊花也十分奇特。奇特就奇特在一朵花有两种不同的颜色——一半是黄色，另一半则是白色。宽厚的花瓣相依相偎，亲密无间，形成了一半黄、一半白的蓬松的球儿。

运武可能隐约知道"鸳鸯"的寓意，故意说："这个名字不好，我给它改名叫'哥俩好'！"

运武的话得到了男生的响应，同时也启发了我。是呀，各人有各人的体悟，为什么不允许发表个人见解呢？我对学生们说："运武起的名字很有创意，咱们也可以充分发挥想象力，试着给一些已命名的菊花重新命名。"

学生们来了兴致。一场重新为菊花命名的活动开始了。

大家围着一盆叫"钢花四溅"和一盆叫"仙灵芝"的菊花打起了主意。这两种菊花的共同点是细细的、直直的花瓣"射"向四面八方，像钢花四溅。学生们为它们起了两个名字，一个叫"光芒四射"，一个叫"礼花璀璨"。这两个名字更有美感。

有一种菊花叫"古龙须"。除了花心部分的花瓣抱团外，周边的花瓣都向下垂，一层一层的，越朝下花瓣越长，每个花瓣的顶端都向上倔强地一蜷，形成一个个圈儿。单看一个花瓣像龙须，可由于花瓣根部的颜色是绛红色，花瓣下半部分是嫩红色，整朵花看起来极富层次感，显然不像龙须，女生便给它起了个更加贴切、更具美感的名字——"百褶裙"。

大多数摆放在路边的菊花，没有人为它们命名，成了菊花家族中的"无名小卒"。于是，我号召同学们为它们命名。学生的注意力一下子集中在这些无人问津的菊花身上了。大概由于我们的关注吧，这些菊花似乎也精神起来。其实，每种菊花都在努力做最好的自己，只要我们仔细观赏，就会发现它们的独特神韵和魅力。

我们发现了一盆枝繁叶茂的菊花。说它"枝繁"，是因为它的茎多，而且向下拖得很长；说它"叶茂"，是因为它的叶子十分稠密，几乎到了密不透风的程度。稠密的叶子上撒满了金黄色的、只有一枚一角钱硬币那么大的碎花。不管有没有人眷顾，它依旧绽放得灿烂耀眼。是呀，何必在乎别人呢？

小赵叫道："这一片黄花多像满天的星星呀！"

"那，咱们就叫它'星光灿烂'吧！"同学们异口同声地说。

我说："大家注意看，这满天的星星是不是在向我们眨眼睛呀？"

学生们说："是的，是的！"

不远处，运武突然大声叫道："大家快来看，这里还有一株菊花，长得和'星光灿烂'一模一样，只是花的颜色是蓝的！"

众人过去一看，果然看见一块儿条石上放着一盆菊花，又长又密的茎叶上面开满了一朵朵蓝色小花。

燕兵说:"咱们就叫它'蓝孔雀'吧!"

"妙极,妙极!"学生的想象力差一点让我兴奋得晕倒在"蓝孔雀"旁。

为菊花命名,让学生的感官变得更敏锐,让思维在命名的过程中碰撞出耀眼的火花。

学生们真的乐而忘返了。

唐代元稹诗云:"不是花中偏爱菊,此花开尽更无花。"我又何尝不想在菊花王国里多待一会儿呢?

"晚回去一会儿就晚回去一会儿吧,索性让学生玩儿个够吧!"我对自己说。

有人曾请教美学家汉宝德先生怎样培养学生的美感,他的回答总是一句话:"多看美的东西。"

是呀,美育不是一句空话。宇宙之美、自然之美、人性之美、艺术之美(包括音乐、戏曲、舞蹈、书法、美术、文学、杂技等),都须引导学生多看、多欣赏,引导学生学会看、学会欣赏。

不能只教几本教科书,不能总把学生关在校园里。

美是无处不在的,我们要尽量多地为学生打开认识美的窗口。

25. "多看美的东西"（二）
——春游的故事

春，是大自然赐予人类的最美的季节；春，给人们带来了无可比拟的喜悦。每年的春游——找春天，是广大儿童最盛大的节日，也是我的节日。

有一年，我带领鼓楼小学三年级一班的小朋友们到徐州故黄河带状公园找春天。我们是从庆云桥的黄楼进入公园的。苏东坡在徐州当太守时，洪水泛滥，他率军民抗洪救灾，奋战了70多个日日夜夜，终于取得了胜利。黄楼即为纪念这次抗洪的胜利而修建的。黄为土色，水来土掩，有镇水之意。

现在的黄楼是1985年所建。黄瓦红墙，飞檐斗拱，很像北京故宫的角楼，十分雄伟壮观。黄楼四周，"倒挂金钟"正开得灿烂，金黄的花朵像一个个倒挂的小金钟，热闹非凡。小朋友们不认识此花，都叫它"迎春花"。正好在不远处有几簇迎春花，我便请小朋友们对比观察，看看迎春花和"倒挂金钟"有什么相同点和不同点。学生们仔细地观察着，比较着。——这才叫"找"春天呢！

"'倒挂金钟'和迎春花的颜色都是黄色的，但是迎春花的花骨朵儿黄中带红，很有光泽！"

"'倒挂金钟'的花朵和迎春花样子差不多,但'倒挂金钟'的花大都朝下,像倒挂的小金钟,迎春花大都朝上,像个小喇叭!"

"两种花的颜色虽然一样,都是黄色的,但迎春花的颜色不如'倒挂金钟'的颜色黄。"

"还有,它们的枝条不一样,迎春花的枝条是绿色的,细细的,不发权儿。"

学生们在比较中,认识了两种报春花。

过了黄楼向东走,可以说是移步换景了。这里有亭台、花廊、假山、小广场,有石桌、石凳。黄河岸边,杨柳依依,桃花、"倒挂金钟"、紫荆竞相绽放。

学生们对岸边垂柳发生了兴趣。

"看,柳树姑娘正对着镜子梳理她的长发呢!"在魏荣的眼里,柳树成了大姑娘,河水成了大镜子。

房柯的话更动人:"柳芽像一个个小宝宝,正拽着妈妈的手臂荡秋千呢!"

刘蓓后续的一句更精彩:"抓住呀,柳芽宝贝!千万别掉进河里!"

黄河忽然向东拐了个弯,前方岸边的垂柳、桃花、"倒挂金钟"、紫荆以及行人倒映在水里,水彩画般展现在我们面前。岸边的景物和水中的倒影相映成趣,美不胜收。一个小朋友叫道:"看,水中也有个黄河公园!"

这时,几只燕子贴着水面掠过,发出唧唧的叫声。能说会道的夏乐天说道:"小燕子们带着剪刀在黄河公园飞来飞去,正忙着修剪公园的花草呢!"

爱好音乐的贝贝则认为小燕子正在歌唱，说着便哼了起来："春天在哪里？春天在哪里？春天在带状黄河公园里……"

天人合一了！小朋友们与大自然融为一体了！

穿过一个花廊，我们又来到一个小广场，有几个小朋友坐在亭子里休息。亭外有好几株桃花正争相开放，互不相让呢。我对小朋友说："在这片小桃林里，有两棵桃树的桃花与众不同，你们能分辨出来吗？"

学生们睁大好奇的眼睛，前去逐一辨别。

"有两棵桃花的花瓣很多，有好几层，其他桃树上的花只有五个花瓣。"

"花的颜色也不一样，花瓣多的颜色深，是大红色的；只有五个花瓣的颜色浅，是粉红色的。"

"粉红色的桃花小，大红色的桃花大。"

"开红色花的桃树高大一些，开粉红色花的桃树矮一些。"

观察是要引导的，观察也要讲究方法。不引导、不观察，抓不住事物的特点，就谈不上发现，自然也发现不了美。

我告诉了学生这样一个知识：只有五个花瓣的桃花，也就是说，只有一层花瓣的花，叫单瓣；花瓣多，而且有好几层的花，叫复瓣。

桃树南面靠河边的地方，有两棵紫荆，一高一矮，高的可以称得上树了。紫荆花虽然不大，也就大米粒儿那么大吧，但开得多，一堆一堆地簇拥着，填满了每根树枝的空隙。有的紫荆花竟开在树干的根部，活像一群抱着妈妈脖子的娃娃。紫荆花的颜色呈紫红色，鲜艳夺目。看着这些开在紫荆根部的花，夏乐天小朋友说出了一般人说不出的话："只要是花，开在哪里都好看！"

我们边观赏边走,边走边观赏,不觉到了迎春桥。同学们见桥头伫立着一头气势威猛的大铜牛,纷纷问我:"于老师,人们为什么在河边铸铁牛?我们在庆云桥黄楼旁边也看到了一头大铁牛,只不过那只铁牛是卧着的。"

我说:"在古代,科学不发达,人们认为在洪水容易泛滥的河边铸上铁牛,就可以镇住河水,于是就在故黄河边铸了铁牛。清朝嘉庆年间人们曾在黄鹤楼旁边铸造了一头铁牛,可惜'文革'时被砸了,现在的那只铁牛,还有眼前这头威武高大的铜牛,是1985年铸造的。"

美无处不在。引导学生发现美、"多看美的东西"(汉宝德先生语),是老师的责任。

儿童的成长需要玩儿。老师带领下的"玩儿",主要目的在于发现美。老师带领下的"玩儿",就好比有导游的旅游;无老师带领的"玩儿",就相当于自驾游。为了真正享受旅游的乐趣,发现旅游景观的美,最好有导游的引领。

让学生"多看美的东西",是一种精神上的享受。一旦行诸文字,则是对美的回味与凝练,会让美融于血脉。但是,我在引领学生"看美的东西"之前,是绝不提"作文"二字的,这会影响学生玩儿的兴致。等学生产生了美的感受,有了不吐不快的感觉,再提"作文"二字,就是水到渠成了。我的"下水文"也就有了。对于这时的写,我和多数学生都会心生愉悦,觉得是一种乐趣,也是一种享受。

26. 艺术求变

江西师范大学余应元教授说:"朗读法是教语文的根本之法。"

朗读的意义,怎么评价都不为过。朗读融语言的吸纳与表达于一体,既是内化语言的途径,也是训练表达的有效手段。同时,朗读又是培养语感的最好途径。一个人的语感一旦强了,他的听说读写活动就会进入"自动化"的状态——一听就懂,一看就明,出口成章,下笔成文。

《朗读学》一书的作者张颂先生有一句名言:"只有朗读才能走进文章情感的深处。"

我深知朗读的重要,所以朗读成为我语文教学紧抓不放的一种最经常、最重要的训练手段。老师读得津津有味,学生读得津津有味,真是其乐无穷。

当然,朗读能做到课标要求的那样,"能用普通话正确、流利、有感情地朗读课文",那是最好不过的了。但是,让多数人做到比较难。只要学生能正确、流利地把课文朗读下来,也可以培养语感、体会情感。

在小学语文教学中,朗读是很有讲究的。

《我的伯父鲁迅先生》是鲁迅的侄女周晔写的一篇既有情又有趣的课文。课文第二段写的是鲁迅和周晔谈《水浒传》的故事。

这一天在晚餐桌上,伯父跟我谈起《水浒传》里的故事和人物。不知道伯父怎么会知道我读了《水浒传》,大概是爸爸告诉他的吧。老实说,我读《水浒传》不过囫囵吞枣地看一遍,只注意紧张动人的情节;那些好汉的个性,那些复杂的内容,全搞不清楚,有时候还把这个人做的事情安在那个人身上。伯父问我的时候,我就张冠李戴地乱说一气。伯父摸着胡子,笑了笑,说:"哈哈!还是我的记性好。"听了伯父这句话,我又羞愧,又悔恨,比挨打挨骂还难受。

在这堂课上,我一如既往地指导学生朗读课文。当学生把课文读熟了之后,我与学生分角色读——我请一位女生读周晔的这一大段自述,等她读到"伯父摸着胡子,笑了笑说"时,我便手摸着胡须,接过话茬,读伯父的话:"哈哈!还是我的记性好。"学生们情不自禁地发出会心的笑声。接下去,当"周晔"读完"听了伯父这句话,我又羞愧,又悔恨,比挨打挨骂还难受"时,我插话说:"哎,周晔,我是夸我自己的记性好,并没说你半个不字,你怎么感到难受呢?"于是,"周晔"说:"你表面上是在夸自己的记性好,实际上是在说我读书不用心!"我趁机对全班同学说:"你们说说,伯父鲁迅先生怎么样啊?"

"伯父很会说话,说话很婉转。"

"伯父说话拐弯抹角,不伤害侄女。"

"这样说就不会让周晔感到难堪。"

"伯父这样说既给周晔留了面子,又能让她认识到自己的问题。"

至此,我总结了一句:"批评是一门艺术。"

这一段最难理解的句子就这样在我创设的有趣的情境中迎刃而解了。

第三段的故事更有趣。

有一次,在伯父家里,大伙儿围着一张桌子吃晚饭。我望望爸爸的鼻子,又望望伯父的鼻子,对他说:"大伯,您跟爸爸哪儿都像,就是有一点不像。"

"哪一点不像呢?"伯父转过头来,微笑着问我。他嚼着东西,嘴唇上的胡子跟着一动一动的。

"爸爸的鼻子又高又直,您的呢,又扁又平。"我望了他们半天才说。

"你不知道,"伯父摸了摸自己的鼻子,笑着说,"我小的时候,鼻子跟你爸爸的一样,也是又高又直的。"

"那怎么——"

"可是到了后来,碰了几次壁,把鼻子碰扁了。"

"碰壁?"我说,"您怎么会碰壁呢?是不是走路不小心?"

"你想,四周围黑洞洞的,还不容易碰壁吗?"

"哦!"我恍然大悟,"墙壁当然比鼻子硬得多了,怪不得您把鼻子碰扁了。"

在座的人都哈哈大笑起来。

这一段我又是怎么处理的呢?

我先请学生熟读这一段,读出鲁迅和周晔对话的语气,并做到熟读成诵。然后同桌分角色"对话"(不是分角色朗读)。最后,我请一位女同学扮周晔,我扮鲁迅,一起"吃饭",边"吃"边说。其他同学都充当"周围的人",任务是当我们说完,"哈哈大笑"一声就行了。当大家饶有兴味地看完我们的表演哈哈大笑之后,我忽然问:"你们笑什么呀?笑从何来?"

学生们纷纷举手。

"周晔太天真了,鲁迅说的'碰壁'并不是真碰壁。"

"鲁迅说的'四周黑洞洞的',是指当时社会黑暗,人民无法生活。"

"'碰壁',是指革命者受迫害。"

"当时有人要伤害鲁迅。"

我补充了一个例子:"鲁迅以笔为武器,写文章与敌人斗争。为了不让敌人认出他来,他先后用了一百多个笔名。"

讲完之后,我问"周晔":"听了大家的发言,你知道'周围的人'为什么笑你吗?"

"知道了。"她说。

我说:"这不能怪你,因为你那时还小。"

这个教学中的最大难点,也是在我创设的语境中一下子得到了破解。这个环节自然、生动、有趣,至今师生聚会时,还常常被大家忆起。

课文第四段有这样一段描写:

爸爸跑到伯父家里,不一会儿,就跟伯父拿了药和纱布出来。他们把那个拉车的扶上车子,一个蹲着,一个半跪着,爸爸拿镊子夹出碎玻璃片,伯父拿硼酸水给他洗干净。他们又给他敷上药,扎好绷带。

拉车的感激地说:"我家离这儿不远,这就可以支持着回去了。两位好心的先生,我真不知道怎么谢你们!"

伯父又掏出一些钱来给他,叫他在家里休养几天,把剩下的药和绷带也给了他。

这件事很动人。在朗读好的前提下，我提出了一个问题："按照惯例，老师要把这段话中的关键词语写在黑板上。大家边默读课文边思考一下，老师应该写哪些词语。"

学生们活跃起来，经过一番思考，纷纷发表意见，最后达成了共识。学生们依次在黑板上写了下列词语：

跑　拿　扶　蹲　半跪　拿　夹　给　洗　敷　掏

但，故事并未结束。我接着问："你们为什么要选这些词语？"

学生们纷纷回答："从这些词语中，我们可以看出鲁迅先生关心、同情车夫。"

"读了'一个蹲着，一个半跪着'，我很感动，仿佛看到了鲁迅先生和他弟弟帮助车夫的样子。"

"临走的时候，鲁迅先生还掏出钱来给车夫，我也很感动。"

以上三个重点段，我采取了三种不同的处理方法，使我的教学故事一波三折。

儿童的语文是朗读的语文，是动态化的语文，要讲究变化，要生活化。动，让学生有了参与的机会，让课堂有了活力，有了生机。

变化，顺应了儿童"无意注意"的心理特征；让学生动起来，顺应了儿童好动的天性。

27.《望月》的教育故事

《望月》是一篇富有诗意的课文。作家赵丽宏在文中写了三个方面的内容:一是晚上在船上看到的天上的月,我们称之为"眼中月";二是"我"与外甥"对诗",我们称之为"诗中月";三是外甥想象中的月,有人称之为"心中的月"。真的很美。

于是,我提前两个星期,让学生搜集古人写月的诗句。每人至少找三首。至于干什么,我没说。学生们听话,都动起来了。自习课上我读书,学生背诵搜集的诗句(若能背全诗更好),然后我解答学生的疑问。不要低估学生的本事,多数学生很能干。

该学习《望月》了。我一如既往,花了一课时引领学生朗读课文。第二课时,我请一位男生"对诗"。课堂变得高潮迭起,热闹非凡。

师:今天月色这么好,我们来对诗好吗?可以用书上的诗句,也可以不用。但必须是写月亮的。

生:好。

师:你先说。

生1:明月几时有,把酒问青天。

师:但愿人长久,千里共婵娟。

（生笑）

师：你们笑什么？

生：你们背的是一首诗里的句子。

师：可以吗？

生：可以，都有月。

师：那好，我们继续。

生1：床前明月光，疑是地上霜。

师：举杯邀明月，对影成三人。

生1：可怜九月初三夜，露似真珠月似弓。

师：梨花院落溶溶月，柳絮池塘淡淡风。

生1：秦时明月汉时关，万里长征人未还。

师：月儿弯弯照楼台，楼高不怕摔下来。

生1（大笑）：这不是古诗，是老师胡编的！

师：是古诗！这是京剧《望江亭》中的杨衙内作的诗！后面两句是："今天遇见张二嫂，给我送条大鱼来。"杨衙内也是古人嘛！——你再背。

我是故意背杨衙内的歪诗的，不为别的，就为让学生感到有意思。这种调侃，相信老师们也会接受。——至于学生，是肯定接受的，而且会记忆犹新。课后，他们围着我，说上我的课真有意思。俗而不伤大雅，这是我"幽默"的底线。一旦学生喜欢老师，喜欢上我的课，就成功了一大半。

《望月》的教学故事，最精彩的部分是课后。

我对学生们说:"大雕塑家罗丹曾经说过一句话:'世间从不缺少美,而是缺少发现美的眼睛。'比如月亮吧,'今人不见古时月,今月曾经照古人',从古至今都是这一个月亮,但是那么多作家、诗人笔下的月亮为什么都不一样,都那么美呢?今天的作业就是:在为期一个月的时间里,在有月亮的晚上观察月亮和星星。要带着想象观察。再观察一下周围的景物——山、树、人、房屋都是什么样的。然后,写一写你们看到的星空和景物。只要大家仔细观察、用心幻想,笔下就一定会诞生一篇篇优美的文章。于老师期待你们的作品。"

将近一个月后,学生们的任务完成了。他们写的作文让我兴奋不已!没想到他们会写得这么好!

限于篇幅,仅附三篇于下。

/ 迷人的星空 /

张 浩

深蓝的天空,星光灿烂,真像一个巨大的盘子里布满了棋子儿。星星密密麻麻,越看越多,显得很乱。但仔细一看,就会发现它们各有各的位置,组成了各种各样的有趣的图案,有的像猎人,有的像骏马,有的像勺子,有的像老鹰……它们把夜空点缀得格外美丽,演绎着亘古的神话传说。

望着美丽的夜空,我想起了奶奶说的话:"地上有多少人,天上就有多少颗星。每个人都有自己的星星。好人的星非常亮,好人的星非常明。"如果这话是真的,那么我希望那颗离我不远的格外明亮的星就是属于我的。

/ 月 光 /

陈炫亨

夜，静悄悄的。一阵阵凉风吹进窗户，轻拂着我的脸。

黑色的天幕上有一个慈祥的月亮婆婆。四周有稀稀落落的星星，挺害羞的，那是月亮婆婆的孩子。

月光洒到地上，絮薄薄的，萦绕在我的身旁。月光有些清凉，它和带点香味的夜气融在一起，使人呼吸了觉得舒畅……

妈妈来了，我问妈妈："月亮像什么？"

"你外婆说像月饼。"妈妈回答道，"因为她年轻的时候家里很穷，把什么都想象成吃的东西。她常常望着皑皑白雪说，这要是白面那该多好哇！"

"你说月亮像什么？"过了一会儿，妈妈又问我。

"像个吸顶灯，为地球上的人们照明。你看，月光多么皎洁呀！"

/ 月 亮 /

葛泽扬

一轮明月冉冉升起。脸蛋蜡黄，好像生了病，但还是露出了醉人的笑容。

月光下，奔腾了一天的小河，似乎也更静了，像一条闪亮的绸带。

月光笼罩着大地,如烟如雾,给地面抹上了一层白露,给庄稼罩上了轻纱的梦。

月儿是最善良的姑娘,谁有什么不幸,有什么忧愁,她总是怜悯地注视着你,为你分忧,为你流泪,有时甚至不得不扯过白云,掩住哭泣的脸。月儿也是快乐、开朗的姑娘,她会为每一个人的幸福、进步感到高兴,分享我们的欢乐。她有时躲进云彩里,跟星星捉迷藏;有时为星星讲故事,讲得星星直眨眼睛。

儿童的语文课堂,是好玩儿、有趣的课堂,是开放的课堂。

语文教学不就两件事吗?一是积累,在读、背的过程中,潜移默化地学习表达方法;二是学习表达。

28."猜猜,我会说什么"
——游戏化的语文教学故事之一

陈鹤琴先生说:"游戏是儿童的生命。"是的,游戏是儿童的一种生活方式。

我了解儿童的心理,了解他们的生活方式。我知道,实践也证明,如果我们的教学方式与儿童的生活方式相似,必定让儿童感到有趣,从而取得好的学习效果。

多年来,语文课上时不时游戏一把,成了我的教学常态。

肖复兴写的《那片绿绿的爬山虎》是篇优美的散文。上课伊始,我工工整整地在黑板上写下了课题,然后说:"同学们,当我第一次读到这个题目时,心里说了一句话。你们猜猜我说的是什么?你们第一次读到它,心里会怎么想?会说什么?请大家把你们心里想的用一句话写下来,看看跟我想的一样不一样。"

全班学生无一例外地写道:"我一看课题,心里想,这篇课文可能是写爬山虎的。"

此时,我从上衣口袋里掏出一张小纸条,展示给学生看:"看了这个题目,我想,这篇文章肯定是写爬山虎的。"

全班学生会心地笑了。

接着我又说:"可是,读完课文之后,我又不由自主地说了一句话。你们再猜猜我会说什么。告诉大家,我说的第一个字是'啊'。你们读过之后,看看会说什么。请写下来。"

学生写的惊人相似:"啊,原来这篇课文不是写爬山虎的,而是写叶圣陶和肖复兴的!"

此时,我又从上衣口袋里掏出一张纸条,上书:"啊,这篇课文不是写爬山虎的,是写叶圣陶先生的!"

我和学生们写得差不多。学生们又露出会心的微笑。

我说:"接着我又读了一遍课文,不但知道了叶圣陶的几件事,而且把每件事用一句话概括出来了。请你们再读读课文,看看作者写了几件事,每一件是什么,并写出来,看看咱们写的一样不一样。"

学生们又一次埋头于课文之中。

学生们写的基本一致,内容是:"课文写了两件事。第一件事是叶圣陶帮助肖复兴改作文,第二件事是叶圣陶邀请肖复兴到家里做客。"

我说:"大家写得不错,但我的这两句话比你们各多了一个词语。我觉得如果我们为每句话各加上一个词语,不仅能弄清楚课文写了什么事,而且能读懂叶圣陶先生是个怎样的人。"

学生们又一次埋头于作文之中。结果,大家改为:"第一件事是叶圣陶细心地帮助肖复兴改作文,第二件事是叶圣陶热情地邀请肖复兴到家里做客。"

此时,我又从上衣口袋里掏出一张纸条,上面写的话和学生的一字不差!学生们再一次兴奋不已!

我重复了一遍刚才说的话:"加上个'细心'和'热情',说明大家不仅读懂了课文写的是什么,而且读懂了叶圣陶先生是个怎样的人。"

我接着说:"同学们,当我读到这里的时候,我又回头看了看课题,心里立刻产生了个问题,你们猜猜我会提什么问题。这次不写了,直接回答我就行了。"

学生问:"课文既然是写人的,为什么用'那片绿绿的爬山虎'作题目?"

我高兴地说:"你猜对了!"

说完,我又从上衣口袋里掏出一张纸条,上书:"课文既然是写叶圣陶的,为什么用'那片绿绿的爬山虎'作题目?"

此时,学生们更兴奋了,有的甚至鼓起掌来。

于是,我请学生们把课文中写爬山虎的句子画下来,认真朗读。我又做了示范、领读,让学生从朗读中体会文字所表达的意思。

课文中三处写了爬山虎:

1. 刚进里院,一墙绿葱葱的爬山虎扑入眼帘。夏日的燥热仿佛一下子减去了许多,阳光都变成绿色的,像温柔的小精灵一样在上面跳跃着,闪烁着迷离的光点。

2. 落日的余晖染红窗棂,院里那一墙的爬山虎,绿得沉郁,如同一片浓浓的湖水,映在客厅的玻璃窗上,不停地摇曳着,显得虎虎有生气。

3. 在我的眼前,那片爬山虎总是那么绿着。

我告诉学生,叶老特别喜欢爬山虎,三年级学的《爬山虎的脚》

就是他写的。

我问:"肖复兴第一次、第二次写爬山虎,想告诉我们什么?"

在我的启发下,学生说:"第一次写他看到爬山虎,感到很美,同时身上有些凉意,很舒畅;第二次写爬山虎'虎虎有生气',是写他通过与叶老谈话,受到鼓舞,有了力量。"

"重要的是第三处描写爬山虎的句子,想告诉我们什么?"我启发道。

学生说:"叶圣陶永远活在肖复兴心中。""叶圣陶的教导永远鼓励着肖复兴。"

课进行到这里,我说了一句话:"这叫借物抒情。"说完,我在黑板上写下了王国维的一句话:"一切景语皆情语。"

我告诉学生:"今后读书,要注意景物描写的句子,今后写作文,要学着描写景物,学着借物抒情。"

不说不行,但只能提示一下而已,点拨一下而已,因为我面对的是四年级的儿童。

这一节课,"猜"的过程就是引导学生经历一次从读题目入手,然后再回到题目的阅读过程。这个过程由浅入深,由表及里,环环相扣,是完全游戏化了的,充满了趣味性。在这个游戏过程中,我只是个组织者、引导者,把发现留给学生。如果把这次学习的过程比作旅游,我就是一个对"景点"很熟悉的导游。

儿童喜欢"猜"。"猜"就是一种游戏。"猜"的过程就是思考的过程,不是为游戏而游戏。

29. "看谁写的和老师一样"
——游戏化的语文教学故事之二

苏教版小学五年级有一篇课文叫《林冲棒打洪教头》，是根据《水浒传》有关章节改编的，深受学生喜爱。

在学生熟读课文之后，我问了个问题："读来读去，你们觉得林冲是个怎样的人？"

略停一会儿，我接着说："你们会说什么，我能猜个八九不离十。"

于是，我请班长走到我跟前，对着她的耳朵，悄声把我猜的意思说了说——一共三个方面：一、林冲武艺高强，二、林冲懂礼貌，三、林冲很谦虚。

然后，我让学生发言，并请班长验证我猜得对不对。

学生发言踊跃！

"林冲武功高强。"

"林冲很有教养，谦虚有礼。"

"林冲不与别人计较，宽宏大量。"

…………

学生们说完后，我问班长："大家说的这些方面，我猜着了没有？"

班长说："同学们说的这些，您都猜着了。有些话和您说的一样。"

我笑着对大家说:"你们刚才说的,四年级同学读了也能看出来,因为这些只要稍加思考就能看出来。要真正读懂林冲这个人,就需要静心读书,深入字里行间思考才能发现。林冲的人品到底怎么样,我仔细读了好多遍才读出来。他的人品、为人,用一个字就可以概括出来。现在,我把这个字写在手心里。你们也细心读,看看能不能也用一个字把他的人品、为人概括出来。如果拿准主意了的话,也把你读出的一个字写在手心里。等会儿咱们交流。"

学生们的阅读兴趣和积极性倍增。

教室里很静很静。学生们埋头读书,静心思考,间或能看到同桌的学生在议论。

这是我追求的学语文的境界。

过了一会儿,我又说:"看一个人,要听其言,观其行,从他的一言一行中才能够看出这个人的人品,看出他的为人。"

十几分钟过去了,我请同学们把画的词语——一是写林冲动作的,一是写林冲语言的——读一读,再把这些词语所在的段落读一读。其间,我又进行了示范性的朗读。我力求把描写林冲、柴进和洪教头言行的句子读好,把他们的对话读好,做到"读谁像谁"。

到这时,我才请大家把林冲的人品、为人用一个字写在手心上。早已写好了的人,若觉得不妥,可以改。

我请学生先"亮"出手心里的字。

全班48人,共写了5个字:礼、谦、忍、让、退。

对写"礼、谦、忍、退"的,我都肯定了有一定的道理,未做否定。

最后,我亮出了我手心里写的字——"让"。

把自己教成一个孩子。
／摄于1995年／

写"让"的十几个学生欢呼雀跃。

我在黑板当中写了一个大大的"让"字。

我问："林冲见洪教头来了,连忙'躬身施礼''起身让座',这是什么'让'?"

生答："礼让。"

我问："洪教头说林冲'依草附木''冒称武师''骗吃骗喝',并扬言与林冲比武,而林冲却连声说'不敢,不敢'。这是什么'让'?"

生答："忍让。"

我问："月光下,洪教头拿起一条棒,独自耍了一阵,大喝一声:'来,来来!'要与林冲比武,而林冲只好从地上捡起一条棒,说了声:'请教了。'这是什么'让'?"

生答："谦让。"

我问:"林冲只和洪教头打了四五个回合,便不比了,说:'算我输了吧!'这叫什么'让'?"

生答:"退让。"

我问:"林冲还手的时候,只把棒'一扫',洪教头便扑通倒地,然后爬起来,溜了。这'一扫',又是什么'让'?"

终于有学生回答是"宽让"!

我说:"是呀,棒贴着地面扫过去,一来给了对方躲避的机会,二来万一对方躲不过去,也不会伤其要害。洪教头还能爬起来走路,可见扫得很轻。这就是林冲的为人!忍让很难,需要较高的修养;宽让更难,它是一种高尚的道德!同学们,孔子有五大美德,叫'温、良、恭、俭、让',这也是中华民族的五大美德。'让',才是对林冲的人品和为人的最恰当、最准确的概括。"

就这样,我在游戏的过程中,引领学生把阅读走向深入。

听课的老师评价说:"于老师的一个'让'字,'让'出了语文教学的新天地。"

还有老师说:"这才叫'深入浅出'呢!"

是的,在语文教学中,浅入深出不行,深入深出更不可取。深入浅出,才是理想的儿童的语文教学。

30. 说话算话

一天早上我来到学校,看见小童背着书包往教室走,猛地想起一件事——昨天答应送他一本柳公权的《玄秘塔碑》字帖,可是今天忘记带了!实话告诉他忘记拿了?不妥!说话要算话呀!好在我的课是三、四两节,于是和校长打了个招呼,转身回家去取。

真巧,那天路上遇见了小童的妈妈。她问我今天怎么这么晚才到学校去,我心眼儿实,就如实告诉了她。她说:"忘了有什么?明天再带来就是了!"

我说:"这不是言而无信了吗?当老师的可不能这样啊!"

小童的妈妈说:"上个学期小童讲过您一件事,说您答应学生们在一个周六下午的自习课上为大家讲个故事,可是早上区里通知开会,您一边向学生道歉,一边说,下个星期六补上,而且会连讲两个故事。后来您果然说到做到,学生们可高兴了。"

这件事过去很久了。一天,小童妈妈到学校来,见了我就说:"于老师,俺小童,现在也'言而有信'了。过去,他经常不抓紧时间做家庭作业,一拖再拖,说'过一会儿再做',可过了几个'一会儿'也不动笔。自从我把您回家拿字帖的事讲过之后,他就慢慢变了。"

我说:"我那种小事,还值得一提?我这个人好忘事。"

"小童说,您经常对学生讲'仁、义、礼、智、信',讲孔子的话,什么'人而无信,不知其可也'。我儿子真转变了不少。"

我说:"道理要讲,不知'道'不行。但作为老师,我首先要身体力行。我这个人有一个优点,就是要求学生做的,自己一定做到,并尽力做好。大扫除时,我擦的窗户玻璃一点不比学生差。"

"于老师,我们答应过孩子,他做作业时,我们坚决不看电视。"

"好!"我说,"咱们都做到言而有信,孩子也会慢慢做到言而有信。"

还有一个类似的故事,这件事发生在学生身上。

一个星期六的晚上,我正在办公室读书,一个小男孩儿喊了声"报告",走了进来。

"小林好!找我有事?"我放下书问。

"于老师,星期一您不是让我星期六晚上到办公室找您吗?"

我说:"你看看,我倒忘记了!幸亏我今天晚上没出去。你字写好了?快拿来我看!"

原来,小林跟一个亲戚学书法,星期一那天默字,他默错了两个。我建议他请那位会书法的亲戚把这学期学过的生字逐个写出来,然后再临写,这样既可以练字,又可以巩固生字,一举两得,何乐而不为呢?况且,刚开学不久,我们只学了4篇课文,要求会写的生字总共也不到40个。他亲戚不仅欣然同意,还把语文课本上的200多个生字都用楷书写了出来,让小林临写。今天小林是让我看他的书法作品来了。

字果然写得好!

我欣赏完了,说:"你说话算话,说到做到,我倒忘记了。请原谅啊！"

他说："于老师，您经常说，一个人要讲诚信，做到'言必信，行必果'。我每天照着字帖写生字，一天写一课，每个字写两三遍，合起来，就是 80 个字左右。"

走的时候，他送给我一幅硬笔书法作品，写的是王之涣的《登鹳雀楼》。我问："这首诗完全是你自己写的？"

"不是，也是俺亲戚写好，叫我临写的！"

我说："字是照着字帖临出来的。我读小学时，从三年级一直到六年级临了四年的《玄秘塔碑》。"

"于老师，我们都喜欢您写的字，能不能给我写一首诗？"

"可以。"

记得我当时写了一首毛泽东的《沁园春·雪》。这是我最喜欢的一首词。

星期一，我在班里不仅展示了他写得规范而漂亮的字，而且表扬了他说到做到的诚信精神。

辑二 『我就是语文』

将生命扎根语文教育的土壤。／摄于1995年／

1. "我就是语文"

一次，星云大师与信众对话。一位信众问星云大师什么是佛，大师说："你就是佛，在座的各位都是佛。只要按佛的教义去做，人人都是佛。"说完，面对全体信众："你们敢不敢说'我就是佛'？"迟疑片刻，全体信众齐声说："我就是佛！"

一天，和几位弟子聊语文时，谈及了星云大师的这件事。我问弟子："你们敢不敢说'我就是语文'？"众弟子面面相觑，说："师父是语文，而我们却不敢说。"

其实，只要语文老师知道什么是语文、语文学科的使命是什么、怎样教语文，且具有较好的语文素养，都可以说"我就是语文"。

什么是语文？不旁征博引，不抠字眼儿，说白了就是语言。语文学科的使命是什么？是教学生学语言、用语言。教师怎样教语文？引导、点拨、示范。学生怎样学语文？多读多写。说得稍具体一点，语文就是教学生识字、写字、读书、背诵、表达（包括口头表达和书面表达）。至多再加一个：培养兴趣和习惯。如此而已！所以我说，每位知道了以上几点的语文老师，都可以说："我就是语文！"

写到这里，我又不由得想起了吉林省吉林市丰满区第二实验小学的杨巧云老师。有一年，杨老师教的班在全区升学考试中，取得了惊人的成绩——在全区 3000 名小学生中，前 17 名都是杨老师班的！省教研室邓主任前去调研，杨老师说："我不会教，在学校里是无名小卒，从未上过公开课。6 年来，我只让学生做了两件事——读课外书和写日记。"邓主任随手翻阅了几本学生写的日记。那日记的内容和语言果然非凡，让邓主任吃惊。

杨老师不会花里胡哨地设计教案，不会做掘地三尺的内容分析，也不会制作连家长也琢磨不透的练习题，但她懂得学语文的规律——多读多写，读写结合！她懂得引导和鼓励！循循善诱，遵照规律去做，她的学生就优秀了。杨巧云老师不就是语文吗？

20 世纪 80 年代，我在徐州科学会堂听了杜殿坤教授的一个报告。他说："只要老师知识渊博，能说会道，师德又好，怎么教都能教好，哪怕是满堂灌。"他讲了他的一位中学国文老师。这位先生不但满腹经纶、才华横溢、出口成章，而且写得一手好字和文章。同学们都崇拜他，喜欢上他的课，喜欢国文，国文成绩都很好。这样的老师本身不就是语文吗？不就是一本厚厚的、博大精深的语文教科书吗？

正因为如此，几十年来，我努力练朗读，力求让我的朗读有感染力；我努力练书法，力求让板书（包括写在学生作文簿上的评语）成为学生的字帖，让学生读懂什么叫"认真"，什么叫"一丝不苟"；我努力读书，力求把自己这本书写厚，把自己的"缸"装满；努力写好"下水文"，力求使其成为学生的习作例文……总之，努力做到当我再说"我就是语文"时，底气能够更足一点儿。

课改，改来改去，落脚点是改老师。老师要努力修炼（包括理论和业务上的），从改自己做起。

凡是有先进的教学理念，又有较好的语文素养的语文老师，都可以说："我就是语文！"

本文发表于《小学语文教学》2017 年第 16 期

2. 我小时候是怎样读书的
——读绘本故事《猪八戒吃西瓜》想到的

我从小爱读书。读小学三四年级时，同班有一位长我两岁的同学，爱读《封神演义》《西游记》，但我读不懂。他读一回，就给我们讲一回。不久，有了连环画（即"小人书"），我读了许多许多。读完连环画《西游记》《水浒传》《三国演义》等，再看原著就容易了。在小学阶段，我把《水浒传》《三国演义》《西游记》《封神演义》，还有《新儿女英雄传》《小英雄雨来》（管桦的短篇小说集）等书都读完了。

受老师的影响，我爱出声读。像《西游记》《水浒传》，我读着读着就不由得读出声了。我觉得读出声来真"过瘾"，不仅能抒发自己内心的喜悦，还能把文字所蕴含的情趣表达出来。

我们老师喜欢朗读，也要求我们学会朗读。他给我们提出了三点要求：一要读得正确、连贯，二要语气自然，三要读好人物对话，做到"读谁像谁"。

那时，每天早晨第一节课叫"晨读课"，我们都是出声地读，多数人是"唱读"。但我喜欢模仿老师朗读，尽量按照老师的三点要求去练习。四年级时，几乎所有课文我们都能背诵下来。朗读的第一个好处，就是记得快；第二个好处，就是有趣。后来，才知道朗读的好处还多得很呢。其中一个作用，就是培养语感。

我读那时的"绘本"——连环画，读其他课外书，也常常出声地读，只是声音不大。老师经常提醒我们——不要扯着嗓子读书，声音要压低，语气要自然，说着便给我们示范。那时，我们都喜欢听老师朗读，把听老师朗读当作一种享受。事实证明，老师的要求是对的。朗读让我比别人多了一些收获。其中之一，就是语感好。语感好，理解力就强，说话、写作文就比较流畅，语病也少。那时，我的作文经常得到老师的夸奖。现在看来，主要得益于朗读。

朗读首先要做到正确、连贯。《猪八戒吃西瓜》第一段的第一句"唐僧、孙悟空、猪八戒、沙僧一起到西天取经"。前面的顿号稍微顿一顿即可，后面的"一起到西天取经"要读得连贯，不能拖泥带水。人物对话更要注意连贯，如孙悟空的"你们先在这里休息休息，我到外面找些果子来给大家解渴"一定要连贯，不可把句子读断。有些句子还要读紧凑，节奏快一点。如"他心里一急，脚步加快，一不小心，又摔了一跤"，前面三个短语要读快一点，这样才能把猪八戒的"急"读出来。读得流畅、连贯的唯一办法就是多练习，做到眼到、心到、口到。

朗读还要做到语气自然。许多小朋友朗读拿腔捏调，我小时候这样，几十年过去了，现在的小朋友还这样，真可以说是"代代相传"了。张颂先生说，朗读时语气极为重要，朗读学也可以叫"语气学"。朗读时语气要自然，要"像说话那样自然"（叶圣陶语）。只要多听，多练，做到这一点也不难。同学们听听我读《猪八戒吃西瓜》的录音，是不是像平时说话？是不是觉得我在给你们讲故事？我读的时候，想象眼前坐着几位小朋友，我就坐在他们身边给大家讲故事。因为故事有趣，我始终面带微笑，手还做动作呢！你们听的时候，能想象出来吗？

比较难的是读人物对话。读好人物对话，做到"读谁像谁"，首先要读懂文中人物，他们的思想呀，性格呀，心情呀，身份呀，等等。做到这一点必须多琢磨，多练习，还要多听别人读。听别人读是非常重要的。小朋友听了我读猪八戒、孙悟空说的话是不是会哑然失笑？是不是觉得猪八戒、孙悟空就在你们眼前？猪八戒说的话和心里想的话，不能用一种声调读；即使都是说的话、想的话，语气也有区别。希望小朋友仔细听。想想看，我为什么这样读。

当然，朗读还有其他的要求，如停顿、重音、虚实、急缓等。这里就不细说了。请小朋友听听我的朗读（最好边看文字边听），再自己朗读，自己练了之后，再听听我的朗读，听听我是怎样读得连贯的，哪些地方紧凑，哪些地方舒缓；我是怎样读人物对话的，怎样把人物读"活"的；我是怎样做到语气自然的。至于停顿、重音，你们仔细听也会听出来的。比如文中有这样一句话："猪八戒一听是孙悟空叫他，心慌了。"这一句哪个地方我读重了？为什么？如果你们听出来了，也讨论了，一定会感觉朗读真有意思。

总之，好书不厌百回读，精彩的文章一朗读出来，就活了，就更有味道、更动人了。想练好朗读并不难，只要多听、多练，你就会步入朗读艺术的殿堂，就会比别人收获得更多。

我小时候是怎样读书的？是出声地读，也就是朗读。我朗读的初步能力是小学老师培养的，是在几十年的小学语文教学实践中不断提高的。我至今看书，还常常像小时候那样读出声来呢！朗读，已成为我读书的一种重要方式，真可谓是习惯成自然。朗读对我专业成长的作用，对我语文素养的提高，实在太大了！读得绘声绘色、有情有趣，是学生喜欢我语文教学的一个重要原因。今天我向大家说这些，就是想让孩子们从小也喜欢朗读。

本文发表于《小学语文教师》2015 年第 9 期

3. 培养学生"良好的语文品质"

2016年春,贾志敏老师应邀到河南一座县城执教五年级的《我的发现》。

在第一个教学环节里,贾老师先让学生用"发"字组词,再用"发现"口头造句。不久,便出现了似乎只有在贾老师的语文课堂上才有的独特精彩。

生1:我发现教我们的贾老师今天很帅。

师:你的意思是说我以前不帅喽?其实,我一直很帅呀!(笑声)

生1:(连忙改正)我发现教我们的贾老师今天更帅了!(掌声)

师:我以前帅,今天更帅。你小脑袋瓜儿反应挺快!这么一改,我就找不到漏洞了。谢谢你对我的夸奖,不过你这个句子还是有点问题,就是用词不当。"帅"这个字是英俊潇洒的年轻男士的专利,用来形容我这个快80岁的人,是不是不太合适?想想,用哪些词语形容我更恰当呢?

生1:我发现贾老师身子骨很硬朗。(掌声)

生2:我发现贾老师精神矍铄。

生3:我发现贾老师思维敏捷,根本不像快80岁的人。(掌声)

师：（高兴地）硬朗呀，思维敏捷呀，精神矍铄呀，用这些词语来形容我，就恰如其分了。我发现你们的思维比我敏捷，语文学得比我好。

这个教学片段不过两三分钟，却精彩至极。精彩在哪里？

第一，精彩在教师教得好。乍一听，第一位学生说的"我发现教我们的贾老师今天很帅"，似乎没有毛病呀！可是，听贾老师一说"你的意思是说我以前不帅喽？其实，我一直很帅呀"，学生（包括听课的老师）方才发觉其中的问题。贾老师只这么轻轻地一点，精彩就立刻出现了："我发现教我们的贾老师今天更帅了！"一个"更"字就把贾老师的问题"摆平"了。

至此，贾老师该满意了吧？不。紧接着，贾老师又抛出了一个问题——用词不当！是呀！"帅"这个词真的被人用滥了，不管男士长得怎么样，哪怕像汽油桶似的，也不管他是年老还是年少，都会被人冠以"帅哥"的雅号，正如"美女"二字几乎成了所有女性的代名词一样。

贾老师这么一说，于是精彩迭起，学生的表达博得了老师们一阵阵热烈的掌声。

真是灯不点不亮，心不拨不明。在课堂上，贾老师把"引导者"这个角色演绎得淋漓尽致。

王尚文教授说："语文的'独当之任'就是教学生如何说话，使他们所说的话具有良好的语文品质。"何谓"良好的语文品质"？王教授说："语文品质是对遣词造句、布局谋篇的要求，最起码的标准是——把语句写通顺，把意思说明白。"

如果我们语文老师都能像贾老师一样，达到这"起码的标准"，并在课堂上全力以赴、倍加细心地教学生朝这个标准努力，那么，我们的语文教学就大有希望了。

第二，精彩在学生学得好。贾老师对学生说的"你们的思维比我敏捷，语文学得比我好"这句话，不只是谦辞，去掉其中的"比我"二字，就是对学生恰如其分的表扬。从这个教学片段中，我们看到了学生"良好的语文品质"。

郭沫若说："胸藏万汇凭吞吐，笔有千钧任歙张。"贾老师执教的这个班的学生，在课堂上展示的是他们的"昨天"。试想，这个班的学生如果没有平时——"昨天"的"胸藏万汇"，哪里会有今天的"凭吞吐"呢？这就告诉我们，语文老师一定要有积累意识，一定要把课标"少做题，多读书"的理念落到实处。发展语言才是硬道理。

清代教育家颜元说："讲之功有限，习之功无已。"他主张的"实学""实习""实行"是非常有道理的。在课堂上，我们要像贾老师那样尽职尽责地呵护学生的言语表达，使他们的表达具有"良好的语文品质"。

本文发表于《小学语文教学》2016 年第 25 期

4. 从贾老师的"神机妙算"说起

有一年，贾志敏老师应邀到青岛上《惊弓之鸟》。上课伊始，贾老师请三位小朋友"开火车"把课文朗读一遍。读罢，贾老师对大家说："我会'算'，能'算'出这三位小朋友期中语文考试考了多少分。——第一位小朋友，考了 95 分以上，离 100 分不远；第二位小朋友考了 90 分以上，离 95 分很近；第三位嘛，考了 85 分左右。"说完，贾老师请他们报成绩。三人依次为：98 分、94 分、85 分。

小朋友们（包括听课的老师）为贾老师的"神机妙算"热烈鼓掌。

贾老师笑道："说会'算'是假的，我是根据他们的朗读推测出来的。"

这不奇怪。从朗读中能听出一个人的语感。语感好的人，理解力和表达力就强，反之，就差。贾老师是根据三位学生的语感做出上述判断的。当然，判断有个前提，那就是老师的语感必须好。贾老师是公认的"语言医生"，他有着超强的语感，是很少有人能望其项背的。

何谓语感？简单地说，就是对语言的感受能力。语感是在大量的、长期的听、说、读、写的语文实践中形成的。读写的实践尤为重要。语感强的人不但词汇丰富，而且心中积累的词语的意象、感情色彩都是鲜活的，对词语的搭配、句式的构成等语言运用的规律都谙熟于心。

所以语感好的人，听，能听出言者的话外之音；读，能读出作者文字背后的意蕴，这种言者与听者、作者与读者之间的语感，一旦"相似对接"，理解便成为瞬间之事。同样，语感好的人表达也好，能做到出口成章、下笔成文。为什么他们能不假思索，瞬间缀字成文？因为对他们来说，语言文字的运用已经达到"自动化"程度，成为一种习惯，成为自然。所以，叶圣陶先生说："语言文字的学习……就运用方面说，是养成一种习惯。"

就拿《惊弓之鸟》来说吧。文中的"悲惨""大吃一惊""孤单失群"等大量词语，不但存在于第一个朗读的小朋友心里，而且是"活"的，是形象可感的，因此她（该生是女孩儿）能"见文知意""望文生情"，读得声情并茂。又由于词语的搭配、句式的结构、语势的走向等，对她来说已达到"自动化"的程度，所以她在没有预习的情况下，把课文流利地读了下来。怎样判定一个人的语感优劣？就是听他朗读。如他能基本上将一篇未读过的文章正确、流利、有感情地读下来，就证明他的语感好。从一个人的朗读中既能听出其理解能力，又能听出其表达能力。这正是贾老师"神机妙算"的"妙"之所在。难怪吕叔湘先生说："语文教学的首要任务，是培养学生各方面的语感能力……一个学生的语感强了，他在理解方面和表达方面都会不断前进。"

那么，怎样培养学生的语感呢？就是要多读、多听、多说、多写。在教学中，凡是远离听、说、读、写的，都是不可取的。老师要牢记这四个字，教学中要自我"克制"，真的，我们稍一大意，就会偏离正道。在课堂教学中，朗读尤为重要。课标把朗读好列为各年段阅读教学的首要目标，几乎每篇课文，编者都提出"正确、流利、有感情地朗读课文"的要求。但很遗憾,能落实者甚少。教了几十年语文,我对自己有个"规定":课文不朗读好不开讲。几乎每篇课文我都要朗读给学生听。低年级一开始就范读,必须"先入为主",必须"抱着走";中高年级则让学生先"尝试",师生再交流。我深知示范的重要。低年级的课文要领读,即使到了高年级,有好多句段还要领读。把课文读得通畅,读出恰当的语气,读得入情入境,可以说是一种享受,是语文教学的升华。语文所承载的一切,也会随之融入学生的血脉。课后呢,则让学生阅读课外书。读到精彩处也要朗读。我的学生虽然没有时间做练习册,做"哈达卷",但他们的考试成绩依然优秀。

本文发表于《小学语文教学》2016年第7期

5. 精彩，历久弥新

这是20世纪80年代初，贾志敏老师执教二年级的《居里夫人小时候》一课，指导小朋友用"挑选"一词造句的一个教学片段。

师：小朋友们，句子造好了吗？谁愿意把造的句子念给大家听一听？

生：（念）小华挑选了两个最大的苹果给爷爷、奶奶吃。

师：大家说，这个句子造得好不好？

生：（齐）好！

师：是吗？我看这个句子有点儿毛病。（贾老师又把刚才学生造的句子复述了一遍）谁能把毛病找出来改一改？

（全班学生无一举手）

师："两个最大的苹果"？"最大的"只能有一个呀！

生：（恍然大悟）把"两个"改为"一个"——小华挑选了一个最大的苹果给爷爷、奶奶吃。

师：（微笑地）给爷爷、奶奶吃一个苹果，显得小华多小气呀！再说，两人吃一个，你咬一口，我咬一口，也不卫生呀。（生笑）能不能把"最"字去掉，再换一个词语呢？

生：小华挑选了两个又大又红的苹果给爷爷、奶奶吃。

师：改得多好哇！送给爷爷、奶奶两个又大又红的苹果，一人一个，可见小华的一片孝心。

相信每位读者读了这个片段之后，都会赞不绝口，深受启迪。这个精彩片段对我们的启迪是多方面的。

启迪一：语文老师要有好的语感。贾老师的语感是超一流的。这是全国小学语文老师公认的。贾老师多次对我说："语感是在大量的听、说、读、写的实践中获得的。"我觉得，朗读和背诵尤为重要。有一年，我和贾老师在安徽黄山讲学，同住一室，贾老师声情并茂地把《我的伯父鲁迅先生》全文背给我听，令我惊叹不已。从那以后，备课我必先备朗读，对文质兼美的课文我也努力像贾老师那样背下来。日子一久，我也敢当面口头评改学生的作文了，语文课上也能听出学生发言、造句中的语病，并启发、引导学生去纠正了。

启迪二：语文老师要有强烈的责任感。平时，我在听课中常常发现，有的学生回答问题明明不准确，朗读课文明明有问题，造的句子明明欠通顺，老师却说"很好""真棒"。是没听出毛病来，还是心不在焉？我看多数情况下是心不在焉，心里没有学生，缺乏责任感。一般情况下，课堂上学生生成的错误要比课下精彩得多。作为语文老师，我们要有强烈的责任感，要能够敏锐地发现错误，并引导学生纠正，这才是真正的教与学，这才是真正的精彩。这样的精彩在贾老师的课堂上随处可见。

启迪三：课堂上，老师要让学生有安全感。学生的安全感来自哪里？

来自老师对学生的尊重，来自老师的亲切态度和鼓励、信任、期待的目光。贾老师的学生在课堂上之所以能情绪饱满，放飞心灵，思维活跃，常常妙语连珠，是因为他们有安全感。这层意思，看文字实录不如在现场感受强烈。课堂上，贾老师那种专注的神情、亲切的态度、温和的语气以及他那顺势而导的高超本领，温暖并吸引着每个学生，同时也温暖并吸引着听课老师。有时，我听着听着，仿佛也变成了一名小学生，跟着动起大脑来。

敏锐的语感、高度的责任感以及给学生带来的安全感，三者有机地构成了贾老师语文教学的独特风景，成就了贾老师语文教学的独特精彩。

精彩，历久弥新。

本文发表于《小学语文教师》2016 年第 5 期

6. 教学，呼唤"实打实"

我的导师张庆先生曾两次对我讲过一件事。一天，他听一位高年级老师上语文课。两节课结束，他留下一名学生读课文。学生读了不到一半，竟有两个字不认识。

张老师感慨地说："教小孩子学语文，要实打实地教。两节课教完一篇课文，结果还'夹生'，不值得我们深思吗？"

顿了顿，张老师又说："造成这种'夹生'现象的原因，是老师讲得多，学生读得少。阅读阅读，总得让学生读，用时髦的话来说，就是要让学生'亲近文本'。教学不能走过场。"

语文教学中，类似这样"走过场"的现象屡见不鲜。

当下时兴"合作学习"，这本是无可厚非的学习方式，但有时老师提出一个问题，小组还没"合作"两分钟，便被老师叫停，让大家发表意见。"合作"成了虚设，成了教学的装饰品。

还有，学生回答问题明明欠周全，语序也欠妥当，老师却说"说得好"；学生朗读明明拿腔捏调，语气不自然，老师却说"读得很有感情"；学生口头造句，明明用词不当，似是而非，老师却充耳不闻，说"造得很好"，如此等等。

语文教学，呼唤"实打实"，呼唤扎扎实实地教。

与弟子查晓红和李虹霞在徐州云龙湖畔。
／摄于 2017 年／

我想起了我的弟子、特级教师李虹霞的语文教学。有三年时间，她同时教两个班的语文。一个低年级的，一个高年级的。有一年，期末全校统考，她教的二年级班和五年级班都名列年级第一名！我一看卷子，两班的默字没有一人失分，且字写得有体。再看作文，二年级的"看图写话"，几乎没有一个小朋友用汉语拼音替代汉字，且错别字很少。五年级的个别学生竟然能用文言写作文！此外，她还把根据自己的课程（主要是诵读古诗文）出的试卷拿给我看。这两份卷子，我最多能做出三分之一。

虹霞告诉我，她每教一篇课文都要过"三关"：字词关、朗读关、背诵关（书上要求会背的课文）。每学完一个单元，学生都要把本单元要求会写的字默写一遍。哪个学生写了错字，她就用楷体放大字号把这个字打印出来，贴在该生语文课本的扉页上，这样每次翻书，学生都能和这个字见上一面。期末复习，她从不让学生写生字，即使抄写，也是书法意义上的——把字写得入楷书之体，是练字的。学生期末复习不用抄写词语，真幸福！

朗读教学是虹霞语文教学的一大亮点。她在朗读上是下了苦功的，除了请教我，还专门拜特级教师陈晓梅为师学朗读。虹霞在全国小学语文教师朗读大赛中，获得了特等奖。她采用了王财贵教授的办法——让学生"跟我读"。她读一句，学生读一句，她读一遍课文，学生读一遍课文。久而久之，学生便"不需教"了。我对她说："坚定不移地走下去。不要怕别人说我们'抱着学生走'，学生能正确、流利、有感情地把课文朗读好，什么都有了。反之，语文教育就空了。"

凡是听过她班学生朗读的，没有不竖大拇指的。

张田若先生早就说过："一篇课文教过了，评价优劣的第一个标准，是看全班学生是否把课文读熟了。"

引领学生如此"亲近文本"，学生还能有不认识的字吗？

虹霞是"实打实"地教、让学生"实打实"地学的模范。

支撑"实打实"的，是责任心。学生跟我们学语文，我们总得尽老师之责，教会学生识字、写字，教会学生读书、表达。教会，或者说学生在老师引导下"学会"，才是我们的目的。有了这样一份责任感，心里装着"语文"二字，做到"实打实"地教并不难。

本文发表于《小学教学》（语文版）2015 年第 9 期

7. 教学，呼唤"手把手"

有一年春季，弟子李虹霞接了三年级的一个班。这是一个刚刚由农村转来的学生凑成的班。班里有个叫李溪源的男生，第一次默写生字，二十个错了三分之二。连名字也写错了——把"溪"右上角的爪字头写成了"夕"。

虹霞没有责怪这个学生。也不应该责怪学生。她决定先从教溪源写名字开始。她把楷体"溪"字放到不能再大的程度，投在了大屏幕上，让李溪源观察，并让他边看边书空，且说出笔画名称。说到"爫"的时候，虹霞让他重复了三遍"撇点点撇"，然后请他照着大屏幕上的"溪"字临写三遍。每写一遍，虹霞都悉心指导。最后溪源不但把"溪"写对了，而且有了点楷体的味道！虹霞带头为他鼓掌。李溪源哭了。上了两年半学，他终于把名字写对了。

虹霞决心从抓写字入手，充分利用教材配备的习字册，让学生细心描红、仿影、临帖。天天让学生的字"上墙"，天天点评。学生的字越写越好，兴趣也就越来越浓；兴趣越来越浓，字也就越写越好。不到半学期，学生的书写发生了天翻地覆的变化，连家长也不敢相信孩子的字竟然写得这么好。而李溪源同学呢，不但字写好了，人也变得文明有礼了。

在语文教学中,她还做了一件事,那就是抓朗读。朗读是她的强项。开始,学生的朗读真是不堪入耳。她把学生的朗读悄悄地录了下来。每教一课,她先范读给学生听,让学生整体感受并效仿,然后再一句一句地领读。有的句子不知读了多少遍。慢慢地,学生读得好了,她又悄悄地录下来,并连同开始录制的一起播放给学生听。两相对比,学生笑了。就这样,学生越来越喜欢朗读了。

期末考试,她班的成绩常常位居年级之首。学生欢呼雀跃,同事刮目相看。

教学,教小学,特别是教小学生中的"弱势群体",要"手把手"地教。

教学,呼唤"手把手"!

还有一个生动的例子。

山东淄博有个读五年级的学生,叫高学彬。我曾在他班里上过作文课。两节课下来,他只写了四行,最后几句还是我口授的。家长不惜代价,把学彬送到了山东潍坊市北海双语学校李虹霞的班上,重读五年级。望着家长期盼的眼神,虹霞感到责任重大。

开学初的几个晚上,虹霞天天把学彬带回家里,宾客相待,并让读初一的儿子则宇给他讲故事。学彬听得入了迷,问:"这些故事你是从哪里听来的?"则宇说:"在《明朝那些事儿》这本书里看到的。""能借给我看看吗?""当然可以。"

学彬边读边与李老师母子交流,间或虹霞也讲讲自己是怎样读书的。学彬手不释卷,一鼓作气读完了七卷《明朝那些事儿》。此后,虹霞不断地借书给他看。一年下来，学彬竟像变了一个人似的，不但语文学好了，其他学科也跟上了。两年后，学彬以优秀的成绩考入了一所著名中学。

虹霞不说"学彬，你要好好读书"，而是让儿子给他讲故事，诱发他读书的欲望；虹霞不说"你应该怎样读书"，而是说"我是怎样读书的"；虹霞从不让学彬写读书笔记，而是让他把喜欢的故事讲给她听，或朗读一下。

虹霞手把手地教，不但折射出她的耐心、细心，还折射出她的智慧、对学生的体贴以及她对语文教育的正确认识。师爱，不是一句空话，而应该是真切的、细腻的、可感的。把学生请到家，是可感的；为学生削个苹果，是可感的。只有可感的爱，才能打动学生，化为学生转变的动力。

每个班都有"高学彬"，每个"高学彬"都呼唤虹霞这样"手把手"地教。

如果说，"实打实"更多地需要我们老师的责任心，那么，"手把手"则更多地需要我们老师的耐心、细心和能让学生感受到的亲近和体贴。

我们要学会等待。对于有的学生，即使等不到预期效果的达成，也不要紧。只要你把五个手指伸出来，心中就释然了。强壮的体魄、健康的心理、善良的心地，比知识更重要。

本文发表于《小学教学》（语文版）2015年第9期

8. 教儿童学语文，靠的是"示范"

  一天晚上，上小学三年级的孙女递给我一本语文书，让我签字。她说自己已按老师的要求，把《小稻秧脱险记》朗读了三遍。我说："我没听到你朗读呀，能不能再读一遍给我听听？"她坚决不肯。僵持了一会儿，我说："这样吧，爷爷朗读一遍给你听，好不好？"

  我一朗读完，她就迫不及待地说："让我读一遍！"

  她语感较好，读得正确、流畅，语气也比较自然，有些像我，只是小稻秧、杂草和喷雾器大夫对话的语气读得尚有欠缺。我逐一做了提示和示范，她逐句认真模仿，又把全文读了一遍。读完后，针对个别地方我又进行了辅导。没想到她兴致大发，还要从头再读一遍！

  此后，孙女经常要求我读书给她听，也经常主动读书给我听。

  想当年，我上小学时喜欢朗读，还不是受张敬斋老师的影响？张老师每教一课必范读，还经常领读——他读一句，我们学着读一句。他那声情并茂、绘声绘色的朗读，深深地打动着我们，吸引着我们，影响着我们。至今我还能想象出他朗读时的语气和表情。老师一读完，我们一群乡村孩子便捧起书哇啦哇啦地读起来，书声鼎沸。我们的字也写得好，为什么？因为张老师的字写得好，是中规中矩的柳体。

  语文姓语，小语姓小。"小语姓小"，说的就是"儿童的语文"。"儿童的语文"教什么？教认字、写字、读书、背书和作文。12岁以前的语文要"重积累"，读和背最重要。"儿童的语文"怎么教？简单地说，两个字——示范。模仿是儿童的天性。儿童学语文都是从模仿开始的。许多方面要模仿一辈子。语文能力强的人都有读、写的好习惯。这些人一辈子都在学语文，不停地学习别人的语言，领会别人的思想，获取营养，然后运用内化的语言和表达技巧来表达自己的思想。至于学书法，更要临一辈子，边临边想边提高。可见，语文教学的示范不是越俎代庖，不是包办。好的示范具有启发性，能让学生发现自己的问题，产生顿悟。好的示范就是为学生立起一个标杆（目标），让学生看得见、努一把力就可以达到，激起学生的兴趣、欲望，使之欲罢不能。比如造句，老师只提供一个例句，就教死了；提供两个，就教活了；提供三个，就教聪明了。学生很可能由"三"而生"万"。

何谓好的示范？第一，示范要合乎规矩。听、说、读、写、书，都是有规矩的，不能"想当然"随意而为。第二，示范者要有亲和力。示范者能让学生觉得可亲近，是可信赖的大朋友，就会取得更好的效果。

语文老师在备课时，要多在"备"上下功夫。当年我在教育部举办的"于永正语文教学方法研讨会"上，执教的就是《小稻秧脱险记》。备课时我反复朗读，十几遍下来，居然会背了。备课时不把课文朗读好，不把板书的字词照着字帖练好，不把关键词语的意思把握准，谁敢进课堂啊？！以上几点准备好了，即使不写教案，我也有底气走进教室！

教儿童学语文，靠的不是技巧，不是多媒体，是示范，是功夫和耐心。

本文发表于《小学语文教师》2017年第4期

9. 板书之我见

先说我遇到的三位老师。读小学五年级时，徐国芳老师教我们地理和书法。上第一节地理课，徐老师笑嘻嘻地自我介绍说："我姓徐，叫徐国芳。"说罢转身在黑板上写了"徐国芳"三个字。同学们看徐老师板书的表情，可以用"惊艳"两字来形容。继而，全班发出啧啧的赞叹声。再加上徐老师讲课生动，一节课下来，我们便喜欢他了。

读中学时，教历史的陆保龄老师板书能"左右开弓"——人站在黑板正中，写左半行用左手，写右半行用右手，人不需要走动，且左右手写的字一样漂亮，一样潇洒。令我们叹为观止。

读师范时，教我们代数的是徐惠通老师。徐老师是书法家，板书更是"绝活"。他思维敏捷，语言犀利，书写流畅，说完了，板演也就完了。我们好用"嘎嘣脆"来形容徐老师的教学。毕业的时候，我们把徐老师的备课本给"瓜分"了——一人两张，留作纪念。徐老师摊开双手，无奈地看着我们。是呀，谁叫他的字写得好呢！

上述三位老师都深受学生爱戴，其中一个很重要的原因，就是他们都写得一手令我们羡慕的字。

字的确是人的"第二张脸"，是人的"一张名片"。如果我们老师的第二张脸"端庄隽秀"，绝对会为自己、为教学加分。

写好字，是"儿童的语文"的应有之义。/摄于2013年/

为自己加什么分呢？加"敬佩"分，乃至"崇拜"分。一个老师能让学生敬佩的地方越多，教育就会越容易。当你赢得了学生的信任与敬佩时，你会发现学生看你的眼神都是另样的，你讲什么学生都会听。

为教学加什么分呢？加"提高效率"分。老师写在黑板上的（包括写在作文本上的）每一个字，都是"示范"，都在影响着学生。我读小学时，字写得好的除了徐国芳老师，还有张敬斋老师。两位老师在黑板上板书时，我们都屏息凝神，眼睛一眨不眨地看，小手还跟着在课桌上书空。

我现在写的字，还有两位老师的影子。我写的"捺"比较长，因为张老师在写"捺"的时候总会说："'捺'是字的脚，脚大有力气。"

徐老师特别强调字的间架结构，要我们注意每笔的起笔、收笔处。一次，他板书"世界屋脊"时说："'屋'字上窄下宽，这样'屋'才牢固，住在里面才安全。所以，尸字头的第一笔（横折）和第二笔（横）要写小，第三笔（竖撇）要拉长。"还有一句话，我至今记忆犹新："'安'要好，宝盖头要小。"徐老师对我们写字要求很严格，指导也很具体。他对我们说："提笔即是练字时。"对徐老师而言，"板书即是指导时"。

我们小学同学都喜欢写字，而且我们的"第二张脸"都比较好看，这为我们（特别是当了老师的同学）后来的学习、工作奠定了良好的基础。

我想用几位老师的例子说明这样一个观点：板书很重要。电脑里打出来的字是"死"的，是冷冰冰的；老师板书的字是"活"的，是有情感的。二者给学生的感受大不相同。老师板书的字所传递的信息，远远超出文字意义本身。引用或补充文字、图片、视频资料，电脑可以大显神威，但如果需要板书的词语不多，还是板书为好。

有些老师之所以不板书，是觉得自己的字"丑"。俗话说："字无百日功。"只要照着字帖认真临写，天天临写，不消半年，字就会变样，你就会拥有一张端庄美丽的"脸庞"。

本文发表于《小学语文教师》2016 年第 1 期

10. 努力,从写好一个字开始

一位记者采访我的时候,问了这样一个问题:"于老师,您有职业倦怠感吗?"

我说"没有"。毋庸置疑,做老师很辛苦,小学老师尤甚,但我从未懈怠过,更未厌倦过。为什么?因为我喜欢语文教学。我一直在思考、研究、探索怎样教儿童学语文。探索是无止境的。

不说别的,单就"新课导入"这个环节来说吧,多么值得我们去探讨呀!怎样导入才会有悬念,才会激发出学生读书的兴趣?我每备一课的时候,常常为"导入"思考好一阵子。如果学生预习了,怎么导入?如果学生没预习,怎么导入?有时候,该学习第六课,我却出其不意地带学生提前学习第七课。为什么?因为备课时,我想好了学生在不知课文内容的情况下的一个导入方法!一旦想出了好的导入方法,心里真有说不出的高兴。

一天,一位年轻老师要参加赛课,上《金色的细雨》,请教我如何导入。我立即陷入沉思。半天,我叫了一声:"有了!"我对她说:"你先在黑板上写一个'雨'字,问小朋友谁能用'雨'来组词,学生肯定会组很多,其中肯定会有'细雨''牛毛细雨'。一旦有了这两个词语,你就在'雨'字前加一个'细'字。然后问,你们见过'大雨''暴雨''毛毛细雨',但是——你们见过'金色的细雨'吗？说完,你在'细雨'前再加上'金色的'三个字。然后问,那么'金色的细雨'是什么雨呢？请打开书,读课文。谁读懂了,请告诉大家。"

那次赛课,她获得了第一名。

再比如写字。老师只是提醒字的间架结构,其作用不太大。关键是老师要读楷书字帖,并去临写,掌握每笔从哪儿起笔,在哪儿收笔。特别是关键笔画,一定要边示范边提醒学生。如指导"娃"字的写法,怎样写女字旁？第一笔"撇点","撇"要高起笔,"点"要写短,为什么？要留出空间写右边的"圭"。"圭"是两个"土",第二个"土"的最后一笔要写长一点,从女字旁第一笔"撇点"的下方插进去。如此"娃"字才能稳稳当当。这样的"娃"才是好娃！

同样是宝盖头,多数字的宝盖头要写宽一点,但"安"的宝盖头要小,"安要好,宝盖头要小"。备写字是我备课的内容之一。每个楷体字都有讲究,都有需要点拨的地方。能把每个要求学生写的字写规范,是一件多么有意思的事呀！

备朗读我下的功夫最多。《一分钟》这篇课文,我读了七八遍才在语气上、停顿上找到了感觉。发到网上去以后,全国不少老师听了都为我点了赞。

还有,写好了一篇"下水文",想出了一个好教学环节,常常让我兴奋不已。亲爱的老师们,当我对语文教学痴迷到忘我的程度,我真的不知道"倦怠"为何物！

老师们,希望寄托在你们身上。

努力,从写好一个生字开始,进而写好每个生字。

努力,从朗读好一篇课文开始,进而拿到一篇课文便会望文生情。

努力,从上好一节课开始,进而上好每节课。

努力,从读一本书开始,进而养成读书的习惯,成为习惯的"铁杆粉丝"……

我坚信,"走着走着,花就开了"。

当花儿一朵接着一朵在面前绽放,我们只会收获喜悦,而不会收获倦怠。

本文发表于《小学语文教学》2017 年第 31 期

11. 识字教学的起点不是零

山东省济南市育贤小学的张立校长，在每年新生入学的第一天，都要发一张3500个常用字表，让学生认读。连续五六年的统计显示，入学前，儿童人均识字在400个至500个之间。认1000个以上的大有人在，有的竟能认2000多个字。一个字不认识的，没有。张立校长说，他的学校地处济南的城乡接合部，在城区，新生的识字量会更大。

时代不同了，一年级识字教学的起点不再是零。

浙江省富阳永兴学校的张芬英老师，2013年秋季接了四年级的一个班。开学第一天，她让每个学生认读课本后面的生字（全册共400个生字），41个学生中，能认390个的有16人，全部认识的有1人，最少的也能认305个。人均识字383个。

2013年春天，我在山东省淄博市临淄实验小学听一节二年级的语文课。老师把十几个生字投到大屏幕上，逐一让学生读。先拼读三遍（生字上头有拼音），再去掉拼音读三遍，然后连词读三遍——"三三制"过后，再"开火车"读。坐在我前面的一位男孩儿却不读，在翻看后面的课文。我问他为什么不读，他说"我都认识了"。可见，其他年级的识字教学起点更不是零。

"以学定教，顺学而导"这句话，老师们都耳熟能详，可是在教学中能落实的不多，但张芬英老师"顺学而导"了——她让学生用一个星期"消灭"不认识的字。书上有拼音，学生可以各自为战，自拼自读。如需理解字词义，还可以读读课文，查查字典。在此基础上，再来个同桌"互助"，小组"合作"。字全认识的学生，则可以读课文、写生字。"互助""合作"，其实就是相互交流、相互检查。最后，由张老师"验收"。只一个星期，全册的生字都被"解决"了。学生在"解决"生字的同时，将全册课文也都读了。

在她以后的语文教学里，就没有"识字教学"这个环节了。每个单元，她只选一篇课文，用2—3课时引领学生"精读"，其余几篇只是读一读，把生字写一写就算了（此时的写，是写"规范"，已是书法意义上的书写了）。她说，这些课文有两关要过：一是朗读关，一是字词关。这两关过了，语言和运用语言（口头表达）的能力就留下了。此言非常有道理。原本一个单元要用10个课时教完，现在5个课时就够了。剩下来的一半时间，她用来教自己的课程——学国学经典，学小古文，背古诗词，读童话，等等。张芬英真正做到了"课外阅读"课程化。这是一种智慧。

其实，每篇课文的识字教学都可以"如法炮制"——将生字投到大屏幕上（或写在黑板上）后，老师可以问："这些生字，哪些同学全认识？"或者这样问："这些字，你认识哪几个？还有哪几个不认识？"

这样，识字教学就会少做很多无用功，省下的时间学生可以用来读书、写字。那些字全认识了的学生就不会被"陪读"的无奈所困扰了。

细想一下，在母语的学习中，起点是零的几乎没有。比如写字，在每一课要求掌握的字、词中，有些字、词，有没有人早就会写了？

会的，还要再写吗？不会的，一般人、一般情况下，写几遍就可以记住了？单就"抄写字词"这一项作业，每天不知占去了学生多少宝贵时间！不知给他们稚嫩的小手带来了多少痛楚！不知无端地耗去了他们多少精力！

翻开全国各地的《语文练习册》，每一课、每一单元的第一项练习都是"看拼音写词语"。这一项，难道人人都要做吗？老师敢不敢、能不能、该不该宣布：此项某某人可以免做？扩而大之，敢不敢宣布这节课、这个单元的练习，哪些学生可以全部免做，哪些同学可以选做其中一部分，哪些同学必做其中哪些题目？

前不久，我到一所小学去，正值期末复习。我走进五年级的一个班，老师正在让部分学生听写词语，还有一部分学生在读课文、背课文，另外一些学生在读课外书。显然，这位老师已经关注到每个学生复习的"起点"和应有的"落点"了。

这位老师也具有张芬英的智慧。这种智慧的第一个名字叫"爱"。爱是第一智慧。两位老师把以生为本、关注学生身心成长落到了实处。不摧残学生就是爱！这就难能可贵了。这种智慧的第二个名字叫"哲学思考"。没有哲学头脑、不会哲学思考的，只能墨守成规，重复不该重复的、昨天的故事。

本文发表于《语文教学通讯》（小学刊）2014年第9期

12. 学校的名片

学校的名片是什么？是挂在校门口的校牌吗？是书写在教学楼上的办学理念吗？不是。

那是什么呢？我们不妨先说两件小事。

一个星期三的下午，徐州市某机关大院来了一位小姑娘。每个星期三下午老师业务学习，学生放学早，她就到妈妈的办公室写作业。

办公室的一位阿姨无意中看到了小女孩儿写的字，不禁惊呼道："字写得真漂亮！你是哪所学校的？读几年级？"

女孩儿起身答道："我是鼓楼小学的，读四年级。"

这位阿姨说："我女儿也上四年级，她的字比你写的差多了。你的字太让人羡慕了！"

女孩儿的母亲说："我女儿的字，在班里只能算中上等。她班同学的字都写得漂亮。开家长会时，我翻过他们的作业。不光她一个班，鼓楼小学学生的字写得都好。"

不久之后，这位女士把她女儿转到了徐州市鼓楼小学。

1999年，著名教育家霍懋征到徐州市鼓楼小学参观，被鼓楼小学学生写的字深深打动了。霍老师对我说："让我意想不到的是，鼓楼小学每个年级、每个班的学生都能写一手漂亮的楷体字，这样的学校我从来没有见过。"

我告诉霍老师:"自从1994年江苏启用了苏教版小学语文教材后,鼓楼小学一直按教材的要求,在写字教学中,严格遵循'描红、仿影、临帖'的写字教学规律进行训练,除了语文课上要练,每天还会安排20分钟写字课,雷打不动。不到两年,学生的书写水平发生了翻天覆地的变化,彻底告别了火柴杆体。"

临走时,霍老师把好几个班学生写的字带走了——整班整班地带走。她说:"我要把鼓楼小学的字带到全国去,让各地的老师们看一看。"

有人说,字是人的一张名片。从上面的两件事来看,学生的字不也是学校的名片吗?

徐州市鼓楼小学抓小学生写字的经验有三条。1.严格按照苏教版小学语文教材的要求,把"描红、仿影、临帖"的训练落到实处。写字时,每个学生都要做到:"一看"——看字帖上是怎样写的;"二写"——看准了,照着字帖写,像画画儿一样,先求形似;"三对照"——写好之后,对照字帖,看哪儿写得不像,找出问题,再写第二、第三遍,做到"一遍要比一遍好"。简称"一看二写三对照,一遍要比一遍好"。2.时间上予以保证。每天有一节20分钟的写字课。3.考写字。比如"看拼音写汉字",字写对了,给一半的分;写得规范(入楷书之体),再给一半的分。"作文"一项,字的分值占五分之一。写字的分数单列,由懂书法的老师判定。

《长江日报》2015年11月26日报道:华中师范大学大一学生刘画近日完成了一篇1800字的手写作业,作业的题目是"不忘初心,方得始终",主要写了自己初入大学的感触、对专业的认识、努力和追求等。字迹娟秀，书写工整，被誉为"人肉打印机"。刘画从小就被父亲要求对着字帖练习硬笔书法，她的作文及考试卷，从小学到高中，一直被老师当作书写范本。刘画的字震惊了大学老师，也震惊了网友。

我认为，这也从另一个方面给了我们忽视写字教学的一个警示。

作家张培元先生在《一手好字，得让人多羡慕啊》这篇文章中指出："汉字书写，是我们做中国人、继承优秀传统文化的基本功，是我们延续民族基因的必修课，撂荒了这门学业，就是听任精神家园荒芜。"张先生说得多么动情，多么深刻呀！

实践证明，教学"抓什么有什么"，让学生写一手好字并不难，如果我们齐心协力，措施到位，严格要求，我们的学生一定能够写一手好字，人人都会有一张漂亮的名片，每一所学校也都会有一张像鼓楼小学那样令人羡慕的名片。

本文发表于《语文教学通讯》（小学刊）2016 年第 9 期

13. 旧话不旧

一天晚上，一位老友打来电话，说他的孙子正在预习《草原》这篇课文。"预习单"上有一项叫"联系课文，解释下列词语"。4个词语中，有一个"洒脱"，孙子不会解释，向他请教。他心里明白，可就是说不出来。于是老友请教于我。

我一下子想起了20多年前与朱作仁教授的一次谈话。1994年春，我应邀到杭州参加"朱作仁教授语文教育思想研讨会"。晚上用餐时，朱教授谈到了汉语言的"模糊性"。他说："汉语中，80%的词语只可意会，不可言传。像《草原》中的'洒脱'，《月光曲》中的'清幽'，就很难用语言来描述。学生说，'洒脱就是汽车爱怎么开就怎么开，没有人管'，这就可以了嘛。词语必须经过多次反复，才能意会。"

我顺着朱教授的话，讲了杨再隋教授在一次报告会上提到的一个小例子。一天，一位小朋友问老师："老师，什么叫'含情脉脉'？"老师笑而答曰："小朋友，等你长大了，会'含情脉脉'了，就理解了。"这个小例子就告诉我们，人对词语的理解的确是有个过程的。今天'意会'一点，明天'意会'一点，慢慢地，就有了较完整的认识。

朱教授接着说："我曾做过一个小实验，请10位小学生先解释'眺望'的意思，再用'眺望'造一个句子。结果多数人解释得不太准确，但造的句子都对。这说明，词语只要意会了，就会运用。"

是这样。我的小孙女上幼儿园就会运用"而已"了，到了一二年级，运用得更加纯熟。

我今天到书店没买书，看看而已。

棒棒糖，棒棒糖，我只是嘴上说说而已，不是我想要。

原来，她爸爸平时说话动不动就"而已、而已"的，她从小到大听得多了，慢慢也就意会了；意会了，记住了，也就会用了。倘若问她"而已"是什么意思，她肯定说不出来。

我们大人又何尝不是如此！多数词语我都说不出它的确切意思，比如"激昂慷慨""清幽"，我只是"心里有"（意会），却难以表达，但这并不妨碍我使用它们。

朱作仁教授的话告诉我们，词语一定要放在课文中去理解，即使能够讲清楚且必须讲清楚的词语，也必须放到具体的语境中去感受、体悟。词语本身是死的，只有把它放到具体的语境中，它才会活起来，才会有色彩、有情感、有具体的内涵。

朱作仁教授的话还告诉我们，语言，读多了（包括听），就记住了，意会了；意会了，记住了，就会运用了。说来说去，语文教学就是这么简单。只要语文老师牢记朱作仁教授汉语具有"模糊性"的理论，牢记语文教学是旨在"学语言、用语言"的，就一定会自觉走出烦琐的内容分析的泥潭（真的，我们一不留神就会陷进去），彻底"向烦琐的内容分析说'再见'"。阅读课，就是学生在老师的组织、引导下的读书课。同时，老师还要引导学生多读课外书，多读背经典古诗文。语文能力是读出来的，是在听、说、读、写的语文实践中形成的，而不是做练习做出来的。让学生整天做练习，做"哈达卷"，不但泯灭了学生的个性，抹杀了学习兴趣，而且摧残了学生的身心健康。学生如果养成了读写的习惯，语文是可以无师自通的。

朱作仁先生的话，虽然是 20 多年前说的，但是旧话不旧，我们"温故"可以"知新"。真理是永恒的。

本文发表于《语文教学通讯》（小学刊）2017 年第 12 期

14."打赌"

一天,我和仨弟子聊天。聊着聊着,聊到了多媒体。弟子甲说:"师父,您要是使用多媒体的话,课堂教学会更精彩。"弟子乙直言不讳:"师父,您不使用多媒体,就落后了。"片刻,我对乙说:"现在咱们打个赌,咱们一起到一所学校,各教一年级的一个班,你用你的多媒体,我用我的黑板和粉笔,六年下来,看哪个班的语文素养高、毕业考试成绩好,如何?"

乙连声说:"不敢,不敢,我绝对比不过师父。"

我说:"洋枪洋炮怎么打不过土枪土炮?'先进'怎么能比不过'落后'呢?听说你还是市里的学科带头人呢!"

接着,弟子们就此讨论开了,气氛热烈。

弟子丙说:"就目前的情况来看,师兄乙比不过师父。因为,决定语文教育成败的,不是多媒体,而是教师的语文观、教学观、学生观、语文素养以及教师的人格魅力等。师兄乙虽然已经是特级教师,是市里的学科带头人,但语文素养、人格修养,还有学生观等方面与师父相比尚有差距。"

弟子乙连连点头,甲也表示赞同。

弟子甲说:"语文是一门学习语言文字运用的综合性实践性课程。

用师父的话来说,语文就是让学生学语言、用语言的。这一语文课程观,弟子们都认同。教语文很简单,就是多读多写,不要'深挖洞'(指条分缕析),要'广积粮'(指语言积累)。师父的这一语文教学观,弟子们也认同。但语文教学不仅要处理好教材,还要善待学生。能像师父那样循循善诱、善于激励、善于调动学生的积极性,能像师父那样有亲和力的人不多,这些方面弟子们与师父的差距更大!"

弟子乙说:"杭州市教研员刘荣华老师说过,'能像于老师那样蹲下来看学生,很快融入学生的特级老师不多'。"

弟子丙说:"袁微子先生说的'语文教学很多情况下要示范,示范就是指导'是完全正确的。教师的语文素养对学生的影响,或者说作用更大。"

弟子乙说:"叶老说,老师善读善写,学生方能善读善写。"

弟子丙说:"师父常说,语文老师必须会朗读,这样才能引领学生走进文本的情感深处。朗读不到位,还奢谈什么'人文性'?弟子们的朗读能力真的不能与师父比肩!"

仨弟子认为,师父的作文教学更出色,老师和学生一起写。他们说,至少在目前,弟子们还写不出师父那样的"下水文"。至于书写水平,弟子们就更不能与师父同日而语了。

经过讨论,仨弟子认识到,多媒体可以配乐播放别人的朗读,可以出示作家的美文片段,可以演示每个字的笔顺,电脑里的楷书肯定比师父书写的还要规矩,但它们都不属于执教者。电脑里的字是死的,是冷冰冰的,电脑里的朗读是没有表情的,而教师的书写和朗读是活生生的,是有感情的,给学生的感受是真切的,印象是深刻的,激励、启发的作用是更大的。听了教师的朗读，读了教师的"下水文"，看了教师的书写，学生会纷纷效仿，进而对语文产生浓厚的兴趣。它会让学生感受到什么是"师"，什么叫"范"，会对老师产生敬佩之情，从而"亲其师"。每一次示范（比如书写一个字），都是对"亲其师"的强化。学生越"亲其师"就会越"信其道"。如此，形成良性循环，教育（不仅仅是语文教育），就会变得简单而有效。

听到这里，我笑着说："我完全赞同你们的分析。你们在高速公路的收费站交费后，收费员说的'谢谢！请走好'和电脑说的感觉能一样吗？"仨弟子笑了，说："不一样。"

最后我做了两点补充。第一，多媒体的应用是语文教学的一大进步，我并不排斥它。有一位老师执教《富饶的西沙群岛》和《海底世界》，多媒体展示的千姿百态的鱼和五彩缤纷、形态各异的珊瑚，让我叹为观止，那是连想象力丰富的人都想象不出来的。这就是多媒体的优势所在。第二，我教的学生不怕考试，最主要的原因就是学生的字写得好。书读多了，字写好了，一定会考出好成绩。

我把我和仨弟子的讨论记下来，目的是想与其他弟子和语文老师分享。

本文发表于《小学语文教学》2015年第16期

15. 由"教过了"想到的

一天晚上,一位外地的青年教师在电话里对我说,这次期中考试成绩不理想,特别是作文一项失分较多。为此,他一直很纠结。我问他考的什么作文。他说:"试卷上的要求是,运用习作例文《山坡上》的写作方法,写一写初冬的校园,题目自拟。"我说:"这个要求不高呀,怎么写不好呢?""是呀,这篇例文刚学过不久,我还让学生练了两次呢。"沉思了一会儿,他又说,"看来,教学不能满足于教过了,教过了,不等于教会了。"

这位年轻教师的悟性是很高的。他的话使我想起了两种对"教学三境界"的描述。

其一:山是山,水是水;山不是山,水不是水;山还是山,水还是水。

其二:教过了,教对了,教会了。

第一种描述,侧重点是"教",主要说的是教师的一种教学状态。第二种描述,落脚点是"学",终极关怀是学生,是学生"学会了"没有。我赞同第二种说法。我年轻的时候,和这位青年教师一样,常常满足于"教过了",而且常常对学生说:"该教的我教过了,该练的也让你们练过了,考不好是你们的事。"以此来推卸自己的责任。

后来,我明白了,"教过了"真的不等于"教会了",对 6—12

岁的孩子来说，二者更不能画等号。

如何才能"教会"呢？

首先，我们的课堂教学要有效。什么叫教学？施良方先生认为，教学（教），就是教师引起、维持与促进学生学习的所有行为。有了教师，有了学生，有了教材，我们的教学在实际中未必就能真的发生。教师如果没有"引起"学生"注意"，那么教学根本就不会发生；如果没有"维持"，那么教学就不能持续下去。"引起"和"维持"不是目的，是为了"促进"学生的学习，使学生学有所获。教师只有"引起""维持""促进"了学生的学习，教学才能真正发生，学生的学习才能真正发生，教学才会有效果。

其次，我们的训练要有效。"会"，是一种能力。凡语文能力，都是在反复的语文实践中形成的，不是"教过"就会的，也不是一"练"就奏效的。

就拿习作例文《山坡上》来说吧，这篇例文意在告诉学生，一切景物皆可入文，写景要"动静结合"——既要写花草树木，也要写虫鱼鸟兽。写"静"也好，写"动"也好，要对比着写——草有高矮之分、有颜色深浅之分，花有红黄蓝白之分，动物有胆大胆小之分，等等。这样写，就显得错落有致，有层次感，有立体感。这些关于写景的初步要求（知识），要在教学中让学生明白并记住。但要想使课堂教学有效，使学生的习作达到上述要求，必须进行多次训练才能帮助学生把知识转化为能力，达到"教会"的目的。只练一两次显然不行。

我在教习作例文《山坡上》时，让学生练写了五六篇写景的作文。即便如此，班里仍有些学生写得不尽如人意。

对青年教师的谆谆教诲。／摄于 2006 年／

不仅作文要多练,要把字写得正确、规范(入楷书之体),也得天天照着字帖练。离开字帖,或者三天打鱼两天晒网,谁也练不好字。还有朗读。能把课文读得正确、流利、有感情也不那么容易,必须在老师反复示范、引领下天天练习才能读好。晨读的传统不能丢。

总之,在语文教学中,有"目标"却不"达标"的现象普遍存在。问题的症结主要出在教学中缺乏有指导性的"练"上。

现在的状况是,一方面学生该会的不会,另一方面学生负担又太重,学得很苦。苦在哪里?苦在做无用的练习册、试卷以及机械的抄写上了。学生做了大量的"无用功"。什么"看拼音写汉字""组词""选词填空""找反义词""修改病句""修改短文"……真是花样繁多,更令学生头疼的是所谓"阅读题"——给一篇文章，出些题目，让学生去"抠"。此外，一些老师还会布置大量的抄写作业。有位学生对我说："老师每天都布置写字作业，每个字少的写三四遍，多的写七八遍。如果写错了一个字，罚抄50遍到100遍。有一次我写错了一个字，罚我写100遍，写着写着，这个字我都不认识了。"——说来惭愧，这样的蠢事，我年轻时也做过。

这样写字，重复的遍数越多越糟糕！因为后面的每一个字都是第一个字原封不动的"再现"，而且多数情况下，后面的字一个不如一个！更不要说这样做会给学生身心带来伤害了。

这些令学生望而生厌、望而生畏的练习册、试卷应该被废止，机械、重复的抄写作业应该被废止！一个人书读多了，朗读能力、表达能力强了，语感好了，练习册上的许多问题都可以迎刃而解。老师们一定要牢记课标上的话："少做题，多读书！"

不要担心考试。学生字写漂亮了，书读多了，作文写好了，就不会怕考试，而且绝对有可持续发展的后劲儿。

不该做的不做，不需要讲的不讲，就有时间把该教会的"教会"了。

写到这里，我不禁想起了成尚荣先生的一句名言："教学不是背不动的书包，而是带得走的能力。"

本文发表于《小学语文教师》2016年第3期

16. 语文教学"九字诀"

著名特级教师高万同先生在20世纪90年代初提出了小学语文教学"九字诀"——"读得进,记得住,用得出",得到了张庆先生的首肯,在徐州小学语文界产生了广泛而深远的影响。

不久前,张庆先生打电话给我,再次提到了"九字诀"。他说:"'九字诀'道出了小学语文教学的真谛,我们要重温'九字诀',让徐州的小学语文教学沿着正确的方向前进。"

先说"读得进"。"读得进"首先是一种理念,强调的是"学生读"。用今天的话说,就是"自主学习"。其次是一种要求,或曰"教学目标"。怎样才算"读得进"?"进"到何种程度呢?

对于儿童来说,第一,读懂课文的大体意思即可,对国学经典的理解,更要"不求甚解"。第二,能正确、流利、有感情地把课文朗读下来。这一点最为重要。由于儿童的言语机制不完善,是靠有声语言进行思维的,因此,教儿童学语文,更要朗读。良好的朗读不仅能让儿童对课文有较好的理解,而且课文语言的逻辑性,以及朗读课文语言的停顿、重音、声调、语气,都会逐渐影响儿童的表达,使他们的表达更具条理性、生动性。小学五年级时,白晓云老师上的《长征》一课令我至今记忆犹新。讲"逶迤"时,白老师在黑板上画了一片连绵起伏的山,说:"这就叫'逶迤'。山一座连着一座,远远望去,如海面上小小的波浪。"讲"铁索寒"时,他先画了两座大山,在两山之间的半腰处,又画了几根铁索,说:"铁索上的木板被拆了,下面是滚滚的河水,红军战士冒着枪林弹雨从铁索上爬了过去……"看着白老师的画,听着白老师的描述,我不禁倒抽了一口冷气。印象最深的是白老师那富有感情的朗读。老师读完了,又一句一句地领着我们读。连读了几遍后,我们班全体同学竟铿锵有力地背了下来。那时,我挺着小胸脯,觉得自己仿佛就是一名"不怕远征难"的红军小战士。对于儿童来说,这不就足够了吗?可是,直到今天,我也不敢说我完全读懂了《长征》啊!再深究下去,那应该是学者们的事了。

儿童的语文,就是"读"的语文,是"不求甚解"地读,是出声地读——正确、流利、有感情地朗读。

今天,我们对儿童读的要求太高。别人我不知道,只知道我13岁之前,似乎什么都不懂(我13岁小学毕业),只是喜欢读书。小学生只要对读书有兴趣就好。

再说"记得住"。儿童的语文是"涵养"的语文,重在积累。中国的孩子一定要学国学,让中华文化融入血脉。张庆先生说:"学语文好比在天上布云,云布得越厚,雨下得越大。"周振甫老先生说,学语文就得死记硬背。老师在背诵的量和时间上,都要有具体的要求,要有强制性措施。

最后说说"用得出"。学语言是为了运用,但对儿童来说,运用仅仅是初步的、第二位的,要求更不能高。课标上只是要求儿童把话说清楚、说明白,把文章写通顺、写得较具体。运用,是要训练的。

我们语文老师要做"语言医生",随时随地指出、纠正学生表达中的语病。

总之,儿童的语文是读和背的语文,重在积累。张庆先生说得好:"攒钱要紧,钱攒多了,不愁花不出去。"

本文发表于《小学教学》(语文版)2017年第9期

17. 也谈"语言积累"

读了《语文教学通讯》（小学刊）2015年第6期吴忠豪教授写的卷首语《语言积累是学习语文的基础》，赞叹不已。赞叹之余，禁不住抓起笔来想写写自己的感受。

民国初年离我们太遥远，我们大可不必为"如今的大学中文系学生也未必写出那个年代的小学生写的作文"而感叹。如今，我们的小学生也能写出这样的好文章来，且并不比民国初年的学生写得逊色。

请看浙江省富阳永兴学校张芬英老师教的五年级学生应锦鹏写的《春》。

四时之中，最佳者，春也。此季，艳阳高照，万物复苏。树芽一点一点，生机盎然；杏花一簇一簇，热闹非凡。堂前，桃树含苞，燕归檐上，呢呢喃喃，似曰："三阳开泰，春力大矣。"

再看山东教师李虹霞教的三年级学生蔡沐晨写的《蒲公英》。

初夏，田野多蒲，叶长花黄，花柄挺且直。仲夏，种子成熟，毛茸茸如圆球。暖风吹来，"花"飞如雪。蒲公英，又名黄花地丁，可入药。

还有更厉害的一位特级教师,叫陈琴,她的学生更是十分了得。她教的六年级学生徐子琪,因见父亲总是饮酒无度、大醉而归,遂赋《如梦令》一首。

常记天河北路,

爸爸饮酒过度。

醉眼闯红灯,

却被警察逮住。

呕吐,呕吐,

引来野狗无数。

吴教授和广大老师读了一定会更加感佩吧?如今,我们的孩子智力并未退化呀!

问题来了。——能写出这样文章的学生有多少?

我只能遗憾地回答:凤毛麟角,寥寥无几!

问题又来了。——陈琴等老师的学生为什么能写出这样的文章呢?

这正是我今天要说的。

满腹经纶的陈琴老师是"素读"的倡导者。所谓"素读",就是背诵,就是在粗知大意的前提下,让学生大量背诵古典诗词和国学经典。她的外婆就是这样教她的,如今她当了老师,便如法炮制,教她的学生。我听过她的一节一年级语文课,她教的是《诗经》中的几首诗。

学生粗知大意后,陈老师便领着学生吟诵。有点像唱歌,很好听。学生非常投入。课后,我问陈老师,课文你怎么处理?她说,最后一个月,请小朋友把课文读一读,字写一写就行了。如果不是为了期末考试,课文我是不教的。一年级的课文在她的学生眼里,那就是一杯白开水。我想也是。请看她三年级的课程计划。

《论语》《孟子》《笠翁对韵》

《古文观止》《战国策》《史记》中的散文20篇

《诗经》及唐宋诗词60首

国内外当代诗文10篇

经典儿童文学名著30本

试想,6年下来,她的学生文化积淀该多厚实啊,语言积累该多丰富啊。她的学生能写出这样优秀的诗篇就不足为奇了。

李虹霞和张芬英都是"素读"的拥护者,她们也开发了自己的教材。其中有一本《小古文一百篇》(实际是130篇),她们班的学生都能背诵下来。有了如此丰厚的积累,写不出像样的文章来,那才叫奇怪呢。

第三个问题又来了。——这样的语文老师多吗?

可惜,不多。据我所知,山东还有个搞"海量阅读"的韩兴娥老师,她的学生也十分了得。这样的老师肯定还有,但我不知道。

我们的语文教育问题真的很多。我们的学生没有多少对语文有兴趣的,他们的兴趣全被老师喋喋不休的讲解和无穷无尽的练习题消磨殆尽了。如果我们的老师都能像陈琴等老师那样教语文,如果我们的老师都能按课程标准说的"少做题，多读书，好读书，读好书，读整本的书"去做，注意语言的积累，我们的语文教育就有希望了，我们的学生就有希望了。

本文发表于《语文教学通讯》（小学刊）2015年第15期

18. 重在"转化"

一天，一位校长对我说，从2008年至今，他学校的老师几乎"轮训"遍了，有些骨干教师不止一次参加过"国培班"。有些老师变化很大，学习效果显著，但有些老师进步不大，教学中依然故我，重复着昨天的自己。

这确实是一个值得思考并回答的问题。

今年春天，我给山东省聊城市第三批弟子写了一封信。在信中，我谈了自己对这个问题的思考。我对弟子们说，你们拜师已经三年了。三年中，你们听了我不少课和报告，也读了我的书，师傅的这两把"刷子"你们都知道了，今后就看你们的了。看什么呢？看你们的"转化"能力。看你们能不能把师傅的理念、经验转化为自己的教育教学行为。我说，师傅没有别的能耐，就是记住了孔夫子的教诲——"见贤思齐"，能把贤者的好东西汲取过来，演绎出属于自己的故事。这就是"转化"。所以，我这棵老树至今尚有些许绿叶，没被时代所淘汰。

1984年，中央教育科学研究所的潘自由先生，徐州市教研室的张庆先生、张朝俊先生几乎同时在不同的杂志上发表了"言语交际表达训练"说。交际性是语文的最本质属性，说、写的训练要从社会生活言语交际的实际需要出发，要为社会生活言语交际的实际需要服务。

我在全国带头将诸位先生的思想付诸实践，进行了长达 11 年的实验，取得了丰硕成果，其中"口语交际"部分已写入国家语文课程标准。此后，我又把阅读教学也纳入"言语交际"的范畴。2014 年，我们的"言语交际视野下的小学语文教学"实验成果荣获国家级教学成果一等奖。

我工作不久，便读到了叶圣陶先生关于"下水文"的论述，觉得很有道理，加上本人喜欢写作，于是，我在备作文指导课时，都会先写篇"下水文"。三五百字的小文章几乎一挥而就，写完了读一读，觉得挺有意思。等学生写好了，我再与之交流。师生共同分享各自的文章，真是别有一番景致。从这个角度总结我的作文教学，就是四个字——"师生同写"。这种做法我一直坚持到现在。坚持就是特色，坚持就是胜利。

学习了新课标，认识到教学就是教师、学生、教材、编者四者之间的对话、教师是平等对话中的首席后，我变"教学"为"学教"。课堂上更加民主，师生更平等，老师不再居高临下。为了做好"首席"，我在教材的把握上，在写字、朗读、表达（包括口头和书面表达）等方面更加用心，力求成为学生的榜样，成为合格的引领者。

转化有两种。一种是把理念转化为行为，上面写的几个例子即是。把理念转化为行为，需要创造，要付出相当的脑力、精力和体力。另一种是把别人的经验转化为自己的教学行为。这种转化比较容易，只要愿意做，谁都可以收获成功。

我听过钱梦龙老师的一个报告，他有个做法引起了我的兴趣。他说，平时按学语文的规律去做，让学生多读多写，基本上不做练习题。考试前夕，搞点"应试"——做一做练习题、练习卷以及以往中考、高考的试卷。但有一条：会了的不做，不会的尽力做出来，实在想不出来，老师讲一讲。而且告诉学生，考试时遇到这样的问题怎样对付。钱老师说，他教初中，中考成绩好；他教高中，高考成绩好。于是，我也如法炮制，果然有效。有考试，就有"应试"，但我们不搞"应试教育"。

举个更简单的例子吧。新课标讲老师要有课程意识，要建构自己的课程。这很好办，压缩语文课本的"授课时间"。山东韩兴娥老师用一个月的时间就把一个学期的课文教完了，我们长一点，用了半学期，余下的时间教自己的教材。我的好多徒弟按韩兴娥老师的办法去做，都取得了很好的效果。

在培训中，得到的"好箭"总得射出去，所以老师们要练"射箭"的本领。这种本领不能在培训班上获得，只能在实践中练就。这种"射箭"的本领就是"转化"。"转化"最重要。

好多有为青年请我题词，我题写的最多的是："要善于把先进的理念、经验转化为教学行为。"这也是我想对全体语文老师说的话。

本文发表于《小学语文教师》2015 年第 11 期

19. 素质教育，其实是教师素质的教育[①]

课堂纪律不好？最好的办法就是把课上得精彩

@菁菁：于老师，班级课堂纪律差怎么办？

于永正：一位美国教育家说过，班级管理最好的办法就是把课上得精彩。他的话很有道理。我当班主任也好，当任课老师也好，班级从来不乱，大家都很奇怪。而且，学生们很喜欢我。

曾经，我带过的学生都上初中二年级了，还回来找我，让我带他们去活动。他们会按照小学时的规矩，整齐排队，步行五六里到徐州的郊区爬山。到了山上，他们要我讲故事，合影留念。校长很惊讶，你怎么有这么大的魅力？

问题的关键是，老师要有自己的人格魅力，要提高自己的素养。

[①] 2015年4月5日，"中国教育报好老师"微信公众号邀请于永正老师回答微信用户提出的几个问题。编入本书时，略有修改。

当好班主任,要善于搞各种好玩儿的活动

@一帆风顺:于老师,您当过班主任吗?现在当班主任,压力特别大,学生任何琐碎的事情都是班主任的责任!您觉得怎样才能当好班主任?

于永正:我当过10多年的班主任,这个问题比较复杂,一两句话说不清楚,建议大家可以看看我的一本书——《给初为人师的女儿20条贴心建议》,其中就有对这个问题的阐述。

具体而言,对于当好班主任这个问题,我认为最重要的是老师要与学生平等相待,打成一片,做他们的大朋友。

要取得学生的信任,需要做到这几个方面。

第一,要把课上好。这样学生才能尊重你。

第二,要以身作则。我当班主任时,每接一个新班级都会说,第一个月我是第一值日小组的组员,第二个月我是第二值日小组的组员。该我做值日的时候,我就会和学生一起,早早来到教室打扫。课间看到黑板没擦,我也会擦一擦,地上有垃圾就捡一捡。值日生一天该做的事情,我都会去做。

第三,要研究儿童。要研究他们的心理特征和生活方式。喜欢活动是儿童的天性,儿童应该在活动中成长。我当班主任的时候,搞了好多活动。

活动尤其要走出校园,到大自然中去,到工厂、农村、部队、军营去。有的班级不愿意搞,我就向校长汇报一下,然后自己搞。现在为了安全,大家都不敢动,因噎废食,这是不对的。

但是，活动前，针对交通工具问题、花销问题、安全问题等，我都会和家长协商好。好多家长都会陪孩子一起去。如果大部分家长不去，我就多请几个老师帮助我管理学生。老师们也很高兴。

举个例子，我敢肯定孩子们都喜欢钓鱼，就组织他们去。为什么呢？因为我小时候就喜欢钓鱼。首先，我请会钓鱼的老师给学生上堂课，讲怎样钓鱼。然后，告诉学生们哪一天带他们去，学生们高兴得不得了。

我将我的班级与一个农村小学的班级结为交流友谊班，然后两个班一起钓鱼，这就有了钓鱼的地方。活动时，每钓到一条鱼，我都会给学生发个"钓鱼能手"的奖状，还会给学生照张相，学生更开心了。

钓完的鱼怎么处理？我会想着怎么让活动增值，把教育价值最大化。我已事先跟这所农村学校的校长调查好了这个村有多少"五保户"、多少军属，然后我们两个班把钓的鱼分成若干份，让学生分组慰问"五保"老人和军属。回来后，两个班就把活动记一记，写一写。到现在，每逢学生们聚会，聊起这次活动来还是津津乐道。

班主任不能把学生关在教室里。老师千万不要忘记自己曾经是孩子，这样才会想学生之所想，做学生之想做。所以，我觉得班主任在一个学期里要设计一次校外活动，校内的小活动要设计更多，比如搞个课本剧比赛、朗读比赛、书法比赛、体育活动，等等。

第四，要学会和家长相处。我写过一篇如何和家长相处的文章，收录在我文集中的《给初为人师的女儿20条贴心建议》一书里，大家可以翻一翻。

总而言之，班主任工作要靠自己慢慢摸索。我曾经对我的女儿说，如果一个中小学老师不当班主任，他对教育的感悟、对当老师的甘苦，就不会体会那么深，所以一定要当班主任。后来我不再当班主任，到了教研室，但我只要带哪个班的课，就比班主任还班主任。

皱着眉头看问题，瞪着眼睛看学生，怎么可能幽默

@阵风：于老师，我一直特别佩服您的幽默感。可是，我天生是个比较严肃、没有幽默感的人。我怎样培养幽默感，让课堂有趣起来呢？

于永正：幽默是各种因素促成的。

老舍先生的作品就很幽默，我很喜欢他的书。有个作家叫徐怀中，他写过一个长篇小说叫《我们播种爱情》，也很幽默。我非常喜欢幽默的老师、幽默的作品，这和人的性格有关系。性格开朗、淡定地看问题、善于发现美、热爱生活，都是有幽默感的表现。

幽默感不是硬学来的，往往与一个人的学识、性格、生活环境、为人处事的态度都有关系。老师不要急，这需要慢慢修炼。培养幽默感，不仅要有知识的积累，还要有丰富的生活体验、积极的思考感悟。老师的心态也很重要，一遇到问题就生气，皱着眉头看问题，瞪着眼睛看学生，怎么可能幽默？换一种方式看待生活，化干戈为玉帛，这是一种修养。

让学生养成阅读习惯，要从强制性的规定开始

@小吝：您多次提到要让学生阅读，究竟如何让学生养成阅读习惯？

于永正：如果孩子在我们的培养下喜欢读书，喜欢写作，这就是语文教学的最大成功。

我想，任何一种好习惯的养成，开始时都带有强制性。也许我这样说一些人会不同意，但我个人的体会确实是这样的。为了培养学生的阅读习惯，我会强制性地布置任务，规定学生一天读多少书、读什么样的书、读多少页，并提出具体要求。

我每接一个班，就会把课外阅读作为一个非常重要的家庭作业来布置。开家长会，我也会鼓动家长多给孩子买课外书，尤其是文学作品。我不会规定具体书目，但建议家长买书时带上孩子，遵循孩子的意见，不要自作主张。

一般来说，我会跟家长沟通，让孩子把新买来的书带给我看看。然后，我会每天检查孩子们的读书进展，让他们把书签夹在昨天读过的地方，让小组长来检查。

也就是说，培养学生的阅读习惯，要这样做。

第一，要有量的规定。阅读的量要适中，一般我要求学生一天读30页书。对个别有困难的学生，可以适当降低要求。

第二，要督促。老师一定要检查落实，不能光说不做。检查什么？遇到生字、生词要查字典，在字词的上面注明拼音，在书眉空白处写出字词的意思，把喜欢的句子和段落画上波浪线。如果是别人的书，就把生字、生词的拼音和解释写在本子上，把喜欢的句子抄下来。除此之外，还要朗读。回过头来，让学生把画波浪线的精彩部分朗读一下。

我对学生阅读的具体要求就是这几点。给学生的要求越具体越好，而且要是学生们能做到的。

需要注意的是，读书的好处、意义，一定要向学生讲清楚：第一，丰富知识；第二，明白道理，指导言行；第三，积累语言。

还有一点很重要，要让学生尝到阅读的甜头。学生作文用词好、语言有进步，一定要表扬他阅读做得好！久而久之，他尝到了读书的甜头，就会对读书上瘾的！

这样，一个学期下来，学生就会慢慢养成阅读习惯。

写一手好字、会朗读、会说、会写作，教语文就这么简单

@水：于老师，我是一名刚工作不久的语文老师。您觉得一名优秀的语文老师应该具备哪些素养？

于永正：我举个小例子吧。一次，深圳的一所学校招聘老师，师范大学的两个研究生去应聘，各试讲一课，校长请我去当考官。这两名学生学历很高，但是，一写字，板书不行；一读课文，朗读不行，很令人失望。我就想，研究生花那么长时间读书，导师们为什么不在培养他们的教育教学能力上下功夫？难道读书只是为了拿文凭？

我觉得，语文老师一定要有好的语文素养。比如，写一手好字，会朗读，会说，会写作。我最近准备写一篇文章，内容就是：备课第一要在"功夫"上下功夫，这个"功夫"是指本领，是"基本功"的"功"；第二是备课要在"工夫"上下功夫，这是指时间。很多老师拿到一篇课文还没读，就写教案、看参考书、看教材分析……有没有想过，自己会读吗？会写吗？要学生造句、写作文，自己能做得更好吗？

一个老师只要掌握了语文基本功，教语文就是一件很简单的事情。

老师素质高，一切问题都会迎刃而解

@晶晶：于老师，现在老师很累，学生也很累。我有一个愿望，就是让学生既学得好，又学得快乐！怎样才能做到呢？

于永正：1997年，王丽老师在《北京文学》上发过一篇文章——《中学语文教育手记》，抨击当时的中小学语文教育，说她的孩子一天到晚有做不完的练习册。这个文章在当时很有名。

我想，小学也好，中学也好，学生厌学的原因有两个。第一，作业负担太重，没什么价值、抄抄写写的作业太多。第二，老师的分析太多，把好好的语文课讲得学生都不愿意听了。这是应试教育的结果。

我也在思考，语文老师应该如何教育孩子，才能让他们既获得好的成绩、好的语文素养，又学得轻松愉快呢？

我觉得，还是要把最关键的东西教会。

我带班的时候，我布置的第一个家庭作业就是读书，第二个就是练字。那种"火柴体"字写得再多效果也不会好，所以要练楷书字体，要描红，要仿影，要临帖。学生写出好字，老师功德无量。第三个家庭作业是练写作，练书面表达。但是，我觉得写日记负担太重，不适合小学生，学生也不太欢迎。于是，我便要求学生一个星期写一篇作文、一篇周记。读书、写字、写作这三件事做好了，对学生的终身发展有好处，而且任何时候都不怕考试。就这样，我的学生负担很轻，都很喜欢上语文课。

我最后教的一个班，1996年小学毕业，2002年参加高考。48个学生中，41个考上了大学。我教的就是最普通的班级，这在那个年代很难得。我认为，学生的语文学习在小学就定型了。所以，在小学的6年时间中把学生的语文素养培养好太重要了。

这么多年，我还悟出了一个道理，就是什么是素质教育。素质教育就是教师素质的教育。教师有什么素质，学生就会有什么素质；教师不具备这个素质，怎么能让学生有这个素质呢？

一句话，教师的素质高，一切问题都会迎刃而解。

中国教育报刊社全媒体中心俞水、实习生程恺伦采访整理

辑三 我的小学老师

做一个学生喜欢的老师。／摄于 2012 年／

我的小学老师

早就想写我的小学老师。不只是因为老师培养了我,而是想通过我的文字,与我的同行们分享我的老师的人品、才华和智慧。

一拿起笔,我的小学老师就一一浮现在我的脑际,清晰、真切,一如60多年前。

一

在小学老师中,最令我难忘的是张敬斋老师。

张老师是我初级小学的老师,即一年级至四年级的老师,教我们语文、音乐、美术和体育。

难忘张老师的微笑。1947年,张老师刚到我们山东省莱阳县徐家夼初级小学时,不过十八九岁。瘦高挑儿,大眼睛,尖下颏,留着大分头,一天到晚乐呵呵的。他目光敏锐、亲切、热情,总是笑着和我们说话。四年中,我只见他发过一次脾气。那是在升入四年级时,班长"执法过度",上自习课时推搡了一位同学。张老师批评时,班长涨红了脸,犟了一句嘴,张老师斥责道:"你身为班长,怎么可以这样呢?"班长没再吭声,张老师也就没再说什么。片刻后,张老师叹了口气,拍拍班长的肩，转身走了。四年，我只见张老师发过这一次短暂的脾气；四年，微笑只离开过他的脸五分钟。

难忘张老师教我们写字。张老师写得一手漂亮的柳体字，还能写美术字。升入三年级，我们每天上午最后一节课是写字课。先是"仿影"——张老师给每个人写一张字，每张纸12个字，让我们把纸蒙在上面描。也不过描三四次吧，老师写的字就被洇模糊了。张老师就再给我们写一张。他不厌其烦地写，我们不厌其烦地描，一描就描了一年。升入四年级，我们开始"临帖"——每天照着字帖写12个字。张老师喜欢柳体，我们临的都是柳公权的《玄秘塔碑》。一临又是一年。

写得好的字，张老师则画个红圈；特别好的，画双圈。我们每天为红圈而奋斗。孩子的学习动力就是这么简单。我的写字兴趣是被张老师的红圈激发出来的。张老师的红圈吸引我步入书法艺术的殿堂。至今，我还能回味出儿时研墨散发出来的墨香，"非人磨墨墨磨人"。且不说写字的过程让我获得的其他养分，在我的生活里、在我的精神世界里，我至少多了一方完全属于自己的天地。无论是欣赏古今书法家的作品，还是自己挥毫泼墨，都是一种精神上的享受。这种感觉不可言喻。这也是我当了老师后，重视写字、希望学生能写一手好字的原因。

说到红圈，又想起了张老师在我作文簿上画的一条条红色波浪线。那醒目的波浪线，永远铭刻在我的脑海里。张老师很重视作文教学。我们每周一篇，用小楷竖写，张老师则用朱笔批改，有眉批，有总批。老师用毛笔画的竖波浪线一顿一顿的，非常好看。有时几乎画满了全篇。如果说，我的写字兴趣是被张老师的红圈激发出来的，那么，我的作文兴趣则是被张老师的红波浪线激发出来的。我当了老师后,深知波浪线的作用,也就从不吝啬红墨水了。

有一年放寒假前,张老师为考试成绩好的同学画奖状(给多少同学画,记不清了),我的奖状上画了一只蹲在树枝上展翅欲飞的小鸟,还写了一句勉励的话。我回到家就临摹那只小鸟,居然画得很像。没想到,从此我竟喜欢上了画画儿。那时的美术课没有教材,张老师叫大家"随便画"。画自己感兴趣的内容,越画越爱画。那时没有家庭作业,我的课余时间大都用来画画儿和拉京胡了。而今,我们的学生有多少能根据自己的兴趣有选择地学习?没有兴趣的学习叫"应付"。被动学习很难出天才。

忘不了张老师的音乐课。音乐课上,张老师教我们唱《中国人民志愿军战歌》《歌唱祖国》《嘿啦啦啦啦》(一首关于抗美援朝的儿童歌曲)。能教的歌儿教完了,张老师便教我们拉京胡、唱京戏。后来他发现我有小嗓(假嗓),又"因材施教",单教我一段《汾河湾》中柳迎春唱的"儿的父投军无音信"。张老师是新中国把器乐演奏引入音乐课的第一人——1950年在音乐课上就教我们拉京胡,不是第一人吗?

张老师还教我们打锣鼓。"胶东秧歌锣鼓"热烈欢快、振奋人心,我们打得酣畅淋漓、如痴如醉。节假日,张老师带领我们敲锣打鼓去附近村庄宣传抗美援朝。我除了打锣鼓,还演活报剧。我演过李承晚(剧本是张老师编的)。至今我还记得剧本中的台词:"我叫李承晚,南朝鲜,我来坐江山。我的江山坐不稳,认了个干爹杜鲁门……"

没有艺术的教育,是残缺的教育。艺术教育也不只是教唱歌、教画画儿。

那时农村条件差，学校只有一个空荡荡的操场。张老师亲自为我们挖了一个大沙坑。体育课上，张老师教我们跳高、跳远。至今，张老师那"剪式跳高"的身影还留在我的脑海里。

课间，沙坑成了男生的摔跤场。张老师常常站在旁边笑眯眯地看，有时还教我们一手。我的摔跤本领就是在沙坑里、在富水河畔的沙滩上练出来的。"文革"时，有个到小学"造反"的大块头儿中学生，挥着拳头向我冲来，被我摔倒在校门口。那男生像《水浒传》里的洪教头似的爬起来，头也不抬，悻悻地走了。

据我所知，那时农村小学没有体育课，张老师是凭着他的直觉和爱好，自己"开发"的。

我和同学们津津乐道的，还有在张老师带领下的游泳、给梨树掐花、慰问军属、拾粪等活动。

说到拾粪，我到现在还脸红。那时，人们常说："庄稼一枝花，全靠粪当家。"升入四年级，张老师要求我们每天早晨背着粪箕拾粪（即牲畜的粪便），然后背到学校，在校门口一字儿摆开"展览"。晨读后，再把粪背回家（那时我们每天先到校晨读，晨读后回家吃早饭，饭后再回校上课）。一年中，我只拾到过一次牛粪，其余的都是挖河里的淤泥充数。张老师说："淤泥也是好肥！"

什么是素质教育？素质教育就是教师素质的教育，即教师有什么样的素质，就会有什么样的教育。张老师是凭着他的品格、热情、认识、直觉和悟性来从事教育的。我断定张老师那时没有系统学习过教育学、心理学，更不知何谓"素质教育"，他是凭着他出众的才华、渊博的知识和广泛的爱好从事教育并影响着他的学生的。

非常庆幸，在我刚跨进校门的时候，遇到了张敬斋老师。张老师对我的影响是广泛而深远的。

二

升入五年级，有了地理课。教我们地理的是徐国芳老师。那时，徐老师快50岁了，头发梳理得极为规整，分向左右的头发从来都是服服帖帖的，没有一根是张牙舞爪脱离集体的。他嘴巴上翘，行动稳健，说话轻松。他脾气很好，从来都是笑嘻嘻的。

20世纪50年代初的小学《中国地理》课本是分省编的，即一个省一课。徐老师上课时，边画地图边讲。譬如，讲我们山东省，他边画边说："我们山东省像一头蹲下来的大骆驼，把头伸进渤海和黄海里，它的头就叫胶东半岛。"这句话讲完，山东的轮廓也就出现在黑板上了。我们异口同声地说："哇！真像骆驼！"然后，徐老师又标出省会济南和其他大城市，其中自然少不了我们烟台，顺便又标出了我们莱阳（课本中的山东地图并没标上莱阳）。接着画铁路，画泰山山脉，再讲物产，最后讲邻省和濒临的海。讲到"烟台苹果莱阳梨，肥城蜜桃大如拳，乐陵小枣甜如蜜"时，我们都很自豪。紧接着，徐老师又加了一句："烟台苹果莱阳梨，不如潍坊萝卜皮。"我们都大叫："吹牛！萝卜皮有什么好吃的？"徐老师说："潍坊也是咱们山东的。那里的萝卜确实好吃。"说完，又在地图上标出了潍坊所在的位置，我们又高兴起来。

我看到山东半岛"伸"进大海里，十分担心地向徐老师提了个问题:"老师,咱们山东半岛要是'断'了,我们不就掉进大海里了吗?"徐老师嘿嘿一笑,道:"半岛可不是漂浮在海面上的,你这不是杞人忧天吗?"

徐老师的地理作业"千篇一律"——画地图。第一课讲全国行政区,他就叫我们画全国地图,以后每教一个省,就画一个省。我有绘画的基础,每个省都能画得很像书上的地图,经常得到徐老师的夸赞。我的同桌孙绍君画得潦草,他画的山东地图活像一个不规整的梨,徐老师却说:"不错,不错,有点儿意思就行。"徐老师的口头禅是"有毛就是鸡"。孙绍君写的大字,笔画粗,同时执教我们五六年级书法课的徐老师却说:"孙绍君的字有颜体的味道。"常常在他写的某一笔、某一画上画个小红圈。红圈虽然小,却能让绍君全力以赴地写字。当老师后,我明白了,不是徐老师要求不严格,而是他懂得"尊重差异""因材施教"。我当了老师,也学会了在学生写的字的某一笔、某一画上画红圈,也能在每个后进生身上找到闪光点。

学完了中国地理,画完了中国地图和各省地图,祖国就镌刻在我心中,永不磨灭了。

到中学读《世界地理》时,我依然保留着画地图的习惯,画完了五洲四海,世界就在我心里了。

画地图让我养成了看地图的习惯。每当我站在中国地图前,徐国芳老师和善的面容就会浮现在我的眼前,耳畔就会响起他那"嘿嘿"的、近乎天真的笑声。

三

我的小学男老师喜欢起女性的名字。和徐国芳老师一样，白晓云老师也是男性。白老师姓白，人和他的姓一样，也白。他穿着整洁，爱戴一顶蓝色"解放帽"，而且帽檐是"黑化学"的（即一种黑塑料，在当时非常时髦）。

白老师教我们历史。每讲一课，他就让我们看课后的思考题。"第一个问题怎么回答呢？"白老师问。然后，引领我们画出书上的有关句子。我们把这些看似零散的句子连起来一读，居然通顺、完整。个别连接不好的地方，白老师会给我们添加几个词语，说："这就是第一题的答案。"依此类推，把课后问题的答案都在书上圈画出来。一篇长文，我们只需记住其中十来句即可。就这样一课课地画下去，我学会了读书怎样抓要点、重点。白老师从不布置书面作业，复习时，只要求我们熟读每课圈画的句子。期中、期末考试，我们的历史成绩都很优秀。我们学历史感到非常轻松。

读中学和师范的时候，我把这个方法迁移到所有学科。期末复习时，我先把各科课本通读一遍，边读边用红笔圈画出每课的要点、重点（好多地方平时就画了，但用的不是红笔）。复习第二遍、第三遍、第四遍的时候，我只读并记住我画的要点、重点，既省时又省力。每次考试，各科我都能得高分，95%以上的考试内容都在我的圈画之中。在中学和师范，我都是"三好学生"。

1977年，我到徐州党校学习马克思主义哲学、政治经济学。每次考试，同班的大学本科生都考不过我。这得益于白老师教给我的读书方法。我能把厚书读薄，同样也能把薄书读厚。

白老师让我懂得了什么叫"授之以渔"。

四

王其欣老师高高的、瘦瘦的，和白老师相反，他的皮肤黝黑。他是校长，兼教我们的自然和美术课。

我们从不称他为校长，都称他为老师。对此，他很高兴。他常说："我不是称职的美术老师，我不会画画儿。"他常用"蜀中无大将，廖化作先锋""滥竽充数"等话自我解嘲。

但王老师善于激励。他的办法是让我们的画儿"上墙"——一进校门的过道两边的"学习园地"上，贴满了我们画的画儿和写的大字。每期都有我画的人物、动物，还有京剧脸谱。

王老师经常站在"学习园地"前欣赏我们的字、画，连声赞叹："好，好！"他那像欣赏心爱的宝贝似的眼神，永远定格在我的记忆里，永远让我感动。

小学毕业后，我到了徐州。王老师还亲自给我父亲写信，说我有绘画天赋，建议让我将来读美术学院。这使我深受鼓舞，立志长大当画家。

读中学时，我"移情别恋"，想当一名作家。但几十年来，业余时间我仍不时挥笔作画，自得其乐。得意之中，总会想到高高的、瘦瘦的王其欣老师，想到他对我们儿时的欣赏与鼓励。人如其名，名如其人。王其欣老师让我学会了欣赏学生。

往事如昨，历历在目，一切仍是那么清晰、亲切，一如60多年前。

岁月无情。如今，四位老师都走了。

倘若他们健在——

我一定会为老师们双手呈上我的新作——《做一个学生喜欢的老师——我的为师之道》，请老师们批阅。

我一定会为他们清唱一段《汾河湾》中的"儿的父投军无音信"，再次请老师们指正。

我一定会为他们画几幅京剧脸谱，博老师们一笑。

我一定会为他们挥毫书写"师恩永沐"四个大字，以表达我对他们的谢意与敬意……

2015年11月22日

本文发表于《人民教育》2016年第6期

本书手稿

辑四 病中「吟」

与妻子、女儿在一起。／摄于 2000 年／

病中"吟"

谨以此文,献给敬爱的肖志坚主任、黄衍强院长、张利锋主任、潘秀英主任、曹江主任、张庆先生以及全国各地所有关心我的朋友、老师、弟子和学生们。

一

2014年3月3日,我因患血液病,住进徐州医科大学附属医院血液科28号病床。病房里共有四张床,拥挤,但整洁。28号床在最南头,靠洗手间,"方便"很方便。

一天,潘秀英主任查房,发现新大陆似的说:"四位患者中只有一位男的,多不方便哪。"然后对我说:"我给你调一个房间吧。"

邻床70岁的刘女士说:"我们没感到不方便,于老师不能走。"

其他两位女士(包括一位20多岁的姑娘)连同他们的陪护人也齐声说:"是呀,于老师不能走!"

尽管刘女士"威胁"要联名上书院方,"强烈"要求把我留下,但无济于事,潘主任还是把我调到了69号病床。这间病房里只有两张床,我和先我一步的10岁小男孩儿成了病友。

后来才知道，潘主任从网上得知我是一个享受国务院政府特殊津贴的特级教师，才把我调到这间稍为宽松的房间。所谓"男女有别"云云，不过是个托词而已。

刘女士和其他几位病友多次到病房看我。我则把学生、老师们送来的鲜花转送给她们。刘女士爱花，高兴得不得了。

我，一个74岁的老头儿，满脸皱纹的老家伙，人缘倒不错。

经过几番反复检查，医生说，很难确诊我患的是什么血液病。潘主任建议我到天津的中国医学科学院血液病医院（血液学研究所）——中国最好的血液病医院之一——去看看。那里有全国顶级的血液病专家——肖志坚主任。我心里明白，连徐州的医生都拿不准，肯定凶多吉少。

二

事不宜迟。3月26日我到了天津，27日挂到了肖志坚主任的门诊号。那天，他没戴工作帽，也没戴口罩，看上去最多50岁吧，却早已蜚声全国。他儒雅，沉稳，持重。他一边专注地听着我对病情的陈述，一边做些记录，偶尔询问一些他想知道的细节。最后，他语气平和地说："先做个骨穿，我们要看到化验结果才能确诊。兵来将挡，水来土掩，不要紧张。"4月3日，我住进了医院。病房面积和徐州的一般大，但只安排三张病床，显得敞亮多了。我右边病床住的是河南来的59岁的刘教授，左边病床住的是天津市蓟州区的72岁的蒙师傅。刘教授儒雅，蒙师傅爽直。

我全身无力，虽说洗手间就在病房里，大小便仍感到吃力。一天，女儿为我买了一把夜壶——就是尿壶，人们讲斯文，便送给它一个"夜壶"的雅号。我高兴地对刘教授说："世界上的发明有千千万，但有两项发明最伟大。"

刘教授饶有兴趣地问道："哪两项？"

我说："第一是夜壶。有了它，解小便——特别是夜里——就用不着下床了。"

刘教授哈哈大笑，连床都跟着咯吱咯吱地乐。

"第二，"我接着说，"是洗衣机。以前，我特别怕洗床单、被罩，更怕洗蚊帐。那蚊帐躺在木盆里，像一堆猪肠子，拽都拽不动，真是老虎吃天——无从下手。现在好了，什么这个那个的，往洗衣机里一放，一按开关，洗衣机就乖乖地转起来，只需四五十分钟就洗好了，而且取出来就半干了。"

刘教授又笑。

有了夜壶，我晚上再也不下床"方便"了。白天，女护士进进出出的，我不大好意思，还是坚持着到洗手间去。

三

4月10日，检查结果出来了，我患的是淋巴T细胞白血病。此病易缓解，也易复发。开始家人还想瞒我，肖主任说："老知识分子了，瞒什么？知道了，有利于配合治疗。"我一看要化疗，就明白了。我对家人说："我的导师张庆先生得知自己患上白血病，对妻子说了九个字——"不怕死，争取活，活得好"。这九个字，也是今天我要说的。张庆老师先做了五次化疗，然后改用中药调理，如今十年过去了，他仍然满面红光，身健体壮。西医伟大，中医神奇。一个用科学治病，一个用哲学治病，一个治'病'，一个治'人'，两者结合，相得益彰。在我们中国，除了有西医，还有中医呢！多么值得庆幸啊！在教学上，张老师是我的导师，在如何对待疾病、如何治疗上，也是我的导师。"

深圳的弟子赵志祥听说我患了白血病，在手机里破口大骂："老天不长眼！"我说："苍天有眼哪！它很眷顾我，已让我健康、平安、顺利地走过了整整74个年头！大概上天看我太辛苦了，于是找了个理由，让我放慢脚步，休息休息。放心，师父会坦然以对，笑面人生。"

他说："师父又给我上了一课！吉人天相，师父一定会战胜病魔，重返讲台！全国的老师需要您，千千万万的学生需要您！"

四

化疗期间，我每天早晨要服一种激素药，白色的药片上有一个大大的字母"P"，每次服12片。女儿倒好水，我一口就把12片药吞下肚，笑着对女儿说："你老爸厉害吧，一口能吞掉12个'P'！"我故意把"P"说得很重，连床位医生方大夫也被我逗乐了。光看字母，谁都不会笑，但一说出来，就可笑了，因为"P"和那个字同音。

从此，每天早晨我吃"P"的时候，家人都会哑然失笑。

笑比哭好哇！

五

第一次化疗，4月15日开始，5月15日结束，历时一个月，效果很好。用医生的话说叫"完全缓解"。何意？即骨髓和正常人一样了。而且化疗没有什么不良反应。肖主任查房时，右手抚摸着我的肩，笑着说："看来，这药很对症，光明就在前头！"说完用力拍了一下我的肩。这力，一下子传遍了全身。于是我乘胜追击，继续进行第二次、第三次化疗，到6月30日结束。这期间，我每天早晨坚持吃"P"。第三疗结束后，我的体重由入院时的70公斤，减到60公斤，腰疼腿疼，感到精疲力竭，再也不夸自己"体质"好了。头发几乎掉光。一照镜子，头顶上只有少数几根忠于我的白发尚傲然挺立，那副"富贵不能淫、威武不能屈"的气概，着实让我感动！有几根居然熬到出院，跟着我回到了徐州！但回家不久，还是相继"光荣"了。这是后话。

第二次化疗后，腰就疼；第三次化疗后，腰疼得更厉害了，躺在床上翻身都困难，如若坐起来喝水，则更如上刀山下火海一般。乌鸦尚且知道把小石子衔到瓶子里，让水位升高，然后再去喝里边的水，我的智商难道不如乌鸦？我请老伴儿把杯子倒满水，放到我的枕边，再把吸管插进杯里，我歪着头用嘴吸。果然，一会儿便把一杯水喝光了。吸管延长了我的嘴！老伴用京剧《红灯记》中李玉和的口吻说："天下事难不倒共产党员！"我刚想对老伴儿说"吸管是人类的第三项伟大发明"，怕老伴儿投否决票，没说出口。

有几天发低烧，精神萎靡不振，嗜睡，京剧也不想听了。肖主任还是一只手按着我的肩，笑着说："你以为化疗药是营养液？发烧、嗜睡、无力是正常反应，不要担心。"一句话，顿时让我有了精神。老伴儿说："你不是说'跟京剧一块儿活着'吗？我教你唱一段《西厢记》的'只说是娘把诺言来践'吧！四平调，很好听的。"我立即答应了。先听张君秋的录音，然后爬喜马拉雅山似的，艰难地跟着老伴儿一句一句地学。只三天，居然能哼下来了。唱着唱着居然不发烧了。有一天，我一用气，竟唱出了旦角的亮音！我高兴地说："看来化疗没把我的小嗓儿化坏！"我这一嗓子，似乎传到病房外医务人员的耳朵里（那时我早已住进了单人病房），一位姓郭的护士进来送药时，问我："老先生，您是不是唱戏的？"

我问："怎见得？"

"你们天天听戏、唱戏，而且唱得那么好。"

我说："我是小学老师，自幼喜欢京戏。你们天津是京剧之乡，当今出了一大批名角，像康万生、孟广禄、刘桂娟、李佩红、李宏、赵秀君、张克，都是闻名全国的大家！——你喜欢京剧？"

她说："我父母喜欢京剧。"

可见，她不喜欢。她没正面回答我，显然是怕扫了我的兴。这么一"拐弯"，既不扫我的兴，还带有抚慰我的意思。可见她的语文学得不错，而且善解人意。

我把学唱戏的事打电话告诉了张庆老师。张老师说："《空城计》里诸葛亮唱的一段'我本是卧龙岗散淡的人'，我当年就是在医院里做化疗时学的。一唱，病痛就减轻，甚至逃遁了。"

"是呀，"我说，"唱戏，一用气，二忘我，等于做气功啊！"

六

我在天津的血液病医院住了四个月零三天。

第一个来探望我的是山东潍坊弟子李虹霞,她一共来津看望过我两次。天津的李卫东,上海的戴建荣,成都的余佳佳,杭州的张祖庆,北京的吉春亚、刘云艺,荆门的彭少菊,西安的史颖、李亚萍、孟琪、马国红,青岛的李伟等弟子也先后赶来天津看我。青岛的栾喜峰、上海的朱文君、濮阳的高照远等弟子托人捎来了慰问金。老友吴忠豪(上海)、支玉恒(威海)、陈先云(北京)、庞玉和(北京)、蔡欣梅(北京)、安京妹(北京)、王洪岩(徐州)也先后来津探视。我曾经工作过的徐州市大马路小学张艳校长(我的弟子)、孙荣平书记和卢海燕主任也来天津看过我。至于打电话发信息慰问祝福我的弟子、老师就难以计数了。杭州的弟子张芬英,几乎天天发信息祝我早日康复。成都的余佳佳常发来谜语、"脑筋急转弯"逗我开心。一次,她发来:"世界上有南京、北京、东京,为什么没有西京?"我大脑"转"了两天才"转"出来:西京被唐僧取走了——西天取"京"嘛!

看望我最多的是天津老友、著名特级教师靳家彦和他夫人李瑾。他们夫妇二人不仅给我送来被褥、枕头、床单等生活用品(陪护我的家人在医院附近租赁了一间房子,需自备生活用品),还隔三岔五地送来亲手做的菜,如鳜鱼之类以及天津名小吃狗不理包子、大麻花等。

我老伴儿对我说:"看看,全国有多少人关爱你呀,他们给了你多少正能量啊!你一定会好起来的!"

是的,朋友的关爱给了我极大的慰藉和鼓舞。但,给我正能量最多的,是我的老伴儿、儿子和女儿。

开始,是儿子晚上在病房的陪床(就是窄窄的折叠椅)上陪我,后期是老伴儿陪我。我们每晚看完中央电视台4频道的《今日关注》或11频道的京剧,才关灯睡觉。老伴儿睡在我左边的陪床上,右手握着我的左手,轻轻哼着京剧,伴我入眠。

啊,少年夫妻,老来伴儿。

病中最好的伴儿,是老伴儿!

七

2014年8月7日出院。出院前,肖主任对我、老伴儿和女儿嘱咐了回家后要注意的事项,事无巨细,一一交代,真是语重心长。我心里只有"感激",说出口的只有"感谢"。徐州市鼓楼区教研室主任、我的老同事刘春华和弟子王晓虹,几天前得知我要出院,非常高兴,打电话说要为我接风。我说:"谢谢!但医生有交代,回家要少接触人,防止感染。再说,现在我无'发'见人!"春华问:"你怎么无法见人呢?"我说:"头发掉光了,当然无'发'见人喽!"春华说:"于主任还这么幽默!"我是前教研室主任,所以她依旧称呼我"主任"。

8月7日下午,我进家一看,窗明几净!博物架上的四大名螺一尘不染,还静静地待在那里;那"鹦鹉"(鹦鹉螺)仍旧把头扭向背部,深深地插进翅膀里,不肯抽出来与我搭话。

我高兴地对儿子说:"家里好干净、好温馨哪!"

儿子告诉我,刘春华和王晓虹两位老师,昨天不但把家里打扫得干干净净，还送来新鲜蔬菜、活鱼和鸡蛋。

我立即给二位拨了电话，向她们表示感谢。最后，我对她们说："十年修得同船渡，风雨同舟便一家。中国有 13 亿人口，为什么偏偏我们几个碰到一起共事，而且处得这么好？——缘分啊！谢谢啊！"

爱，感动着我，激励着我。它所产生的能量，无坚不摧！

八

回到家的第三天——8 月 10 日，我便乘高铁来到山东省淄博延强医院，请名中医黄衍强先生和张利锋主任诊治。

黄衍强院长也不过 50 岁，慈眉善目，亲切慈祥，医术精湛，拯救了不少白血病患者以及其他癌症患者的生命，我的导师张庆先生就是其中一位。

我简要地向他汇报了我的病情、治疗经过和结果，然后黄院长把脉、看舌苔，并询问了我生活、起居等方面的情况，尔后果断地说："一、不必再化疗；二、用中药调理。"接着讲了他对白血病的认识，说得我心情舒畅，信心倍增。临走时，他风趣地说："我们对病人也进行化疗。"我一怔。他接着说："我们用的是说话的'话'，不是化学的'化'，是'话疗'。"我说："话疗太重要了，也确实有效，天津的肖志坚大夫不但能'化疗'，也会进行'话疗'。可惜不是每个医生都会'话疗'的。有的医生说的话甚至能把病人吓死。"

回徐州后，我定期到徐州医科大学附属医院复查，然后把复查结果通过手机发给黄院长和张主任，他们再根据化验结果、我的舌象（手机拍照发过去）和我个人感觉开处方，再用手机发给我，让我们在当地医院抓药。将近两年，黄院长和张主任不知为我开了多少方子，这些处方都分文不取。我从二位医生身上进一步读懂了什么叫医德高尚。

　　我除了接受黄院长的"话疗"和药疗，还进行自我"戏疗""锻炼疗"，天天和老伴儿一起听戏、唱戏，多数情况下，是老伴儿唱，我拉京胡伴奏。这叫"妇唱夫随"。世道变了，有什么办法呢？再说了，她含辛茹苦地伺候我，我能不为她效劳吗？此外，我天天坚持在云龙湖边散步，循序渐进，由慢到快，由近及远。

　　以后，倘若我真的能像弟子志祥说的"重返讲台"，我一定会像黄院长、肖主任那样，真情地、贴心地、亲切地、推心置腹地与学生对话，善于对学生进行"话疗"。老师和医生一样，都得善于"话疗"，因为我们面对的都是人。早几年，曾听一位到法国进修过的医生朋友说，在法国，师范大学和医科大学的门槛很高，不但要严格考试，还要严格审查考生的品行。他们认为，医生是治病救人的，老师是塑造人的，一定要品学兼优。有道理啊！

九

　　天有不测风云。

　　2016年春节前，我的血液里查出了2%的幼稚细胞。这是从天津回来，时隔一年零八个月的首次发现。这是一个不好的征兆。陪我一起到医院的女儿落泪了。

　　淄博的黄院长、张主任立即调了药方，服了10副药之后，幼稚细胞不见了。可是，4月27日那天，血液中又查出了2%的幼稚细胞。4月30日做骨穿，骨髓里的幼稚细胞竟高达51%，显示白血病复发。

我平静地对我的家人重复了张庆先生说的话："不怕死，争取活，活得好！"

女儿成熟多了，没落泪（至少在我面前）。

两年来，我留下了自己的脚印，写了十几篇短文，为弟子孙殿镔、朋友何伟俊的书写了序言，写了一篇4000多字的长文——《我的小学老师》。这些文章分别发表在《人民教育》《小学语文教学》《小学教学》（语文版）《小学语文教师》《语文教学通讯》（小学刊）等杂志上。不忘语文，难忘语文，真可谓"矢志不渝"！我为自己的日子过得充实而欣慰。我最满意的是发表在2016年第6期《人民教育》上的《我的小学老师》。这篇长文，是我怀着深深的敬意、感激与怀念写成的。我想，一定趁我还有记忆、尚能动笔的时候，写写我的小学老师，一定用文字把敬爱的老师化为永恒。有文字在，我的老师就在。否则，我将愧对老师，成为永远的遗憾。孔子死后，他的学生子贡能约请同学一起把孔子的言论整理出一本《论语》，我难道连一篇文章也写不出来吗？

我手捧2016年第6期《人民教育》，读完编辑在《我的小学老师》前边加的按语，欣慰的泪珠夺眶而出。冥冥中，我仿佛看见我的老师们，也含着欣慰的泪花凝视着我。

"雄关漫道真如铁，而今迈步从头越。"

医生说，一年零八个月没复发，已经是一个奇迹了，证明中药还是有疗效的。但，现在一切归零。

当天——4月30日，我在笔记本上写下了一句自我"话疗"的话："早晨，当我睁开眼睛，证明我还活着的时候，一定规划一下怎样过好这一天，哪怕只有这一天。"

十

2016年5月7日，我"二进宫"（不算住院做白内障手术）——又住进了徐州医科大学附属医院的血液科，还是两年多前住的那间，只是病床号不一样了，这次是66号病床。

女儿专门到天津请肖志坚大夫拿出治疗方案。但化疗只进行到一半，我便高烧不止，无法继续化疗。骨穿检查结果显示，骨髓里的坏细胞还有30%。我对老伴儿说："虽然我不怕死，但也不能坐以待毙。你回家按刘永琴老师给的偏方——用猫儿眼草、大枣煎汤，咱们喝喝试试。"同时，淄博张主任开的药照样服用。十几天过去了，我还是高烧不止。血液化验显示，各项指标一天天下降。因血小板少，皮下布满了星星般的出血点，浑身无力，靠输血、输血小板度日。一天，杭州弟子张芬英和范新霞一起来看我。她们名副其实地"看"了我，我虽然也"看"了她们，却没留下任何记忆。医生背地里对我家人说，还能熬半年。我也觉得自己不行了。于是，我在清醒的时候写了遗嘱，主要有三句话：一、我是唯物主义者，死后不设灵堂，不扎花圈，不烧纸，家人不戴孝，也不要戴黑袖章；二、死后不要把我打扮成妖怪，别吓坏我两个孙女，就穿平时穿的休闲装；三、骨灰撒在树下，不和活人争地盘。

一天，老友高林生来看我。他看我脸色难看，半天没说出话来。

我说:"不怕死!活着干,死了算!"虽然是躺着说的,但在想象中,我是顶天立地的一尊雕像。张庆先生说的后两句——"争取活,活得好",我却不敢说了。再说,我估计就是吹牛了。

什么时候,我们都得讲实事求是。"吹牛"和"英雄气概"不能画等号。

临走时,林生说:"我本来想做你的思想工作,没想到,你反倒给我上了一堂教育课!老伙计,好样的!"

他一告辞,我突然浑身发抖——这是发高烧的前奏,每次发烧前都这样,来势凶猛。老伴儿连忙用被子把我裹紧。

这次起烧没再请医生打退烧针、挂水,而改服了天津肖志坚主任开的一种中成药。

两个多小时后,体温恢复正常。

第二天,没起烧;第三天(这天很关键,多数情况下,间隔一天起烧),还没起烧;第四天,仍没起烧!过了六天,体温依然正常!曹江医生松了一口气,说:"看来不会再烧了。"

不发烧,我感觉就不那么难受了。

一波未平,一波又起。接着又浑身浮肿,于是连忙服消肿药。肿消了,心脏又早搏,于是又治早搏。心脏不早搏了,又皮肤过敏,全身奇痒难忍,于是又治过敏,把医生忙得不亦乐乎。最让人担心的是,验血单上的各项指标还在向下降,血小板降到了6!浑身极度乏力,两天就要输一次血小板。一天,医生查房时问我:"最近吃了什么药?"我如实地说了。医生说:"什么药都停止服用,再服就没命了!"

我老伴儿吓得把当天煎好的猫儿眼草药偷偷倒掉了。掐指一算,我已经服用猫儿眼草半个月了。

血小板减少到 10 以下就非常危险了。不久前，一位才 30 多岁的病人，因血小板低，脑出血，突然离世。看来，我离鬼门关不远了。

"祸兮，福所倚。"忽然有一天，血小板升到了 19！我暗自高兴。医生背着我对女儿说："这是输血小板的结果，还得掉下去。"言外之意，不要高兴得太早，还要有"那个"准备。

又过了几天，血小板升到了 29！医生说："还会掉下去。"

忽然有一天，血小板一下子升到了 60！"哎——?"医生感到奇怪了，再也没说"还会掉下去"的话。

又过了几天，当血小板升到 99 的时候，我皮下的出血点全消失了，其他指标也渐渐回升。年轻的曹江主任高兴地对我说："你可以考虑出院了。"

出院前夕，又做了一次骨穿，骨髓里的幼稚细胞竟几乎绝迹了！

医生惊呼："看来猫儿眼草还真有效哇！"

否极泰来。2016 年 8 月 23 日，我这个被判了死刑、随时都可能执行的人，死里逃生，出院了。

西医伟大，中医神奇，"话疗"可贵，爱心给力，乐观万岁！

老伴儿和女儿则连声说："阿弥陀佛，阿弥陀佛。"

我立即打电话、发信息，告诉了三个多月来到医院看我的众多领导、老师、亲友、同学、弟子、学生，没有他们的关爱，哪有我的今天！

我特别感谢老同事刘永琴老师，是她，在关键时刻为我提供了这个偏方；还感谢为我采集猫儿眼草的安徽砀山的弟子仝伟伟、李兴举、李秀荣！

"天不灭曹"——"死刑就要执行"，改为"缓期执行"。

无论"判"什么,对于我来说,不怕,永远是第一位的,管你什么时候"执行",概不理睬,不当回事。第二位的,就是不能掉以轻心,坚持中药调理,并注意饮食和锻炼。第三,适当想点事,做点力所能及的事,以不累为原则。"表现"好了,说不定"死缓"改判"无期",继而来个"无罪释放"呢!

十一

岳母生前曾说过:"不怕不信神,就怕家里有病人。"是的。这次入院,家人和弟子为了拯救我的生命,什么法儿都用了,有唯物的,也有唯心的。在大自然和宇宙面前,人类还处于幼儿时期,好多好多东西我们并未认知。未认知,就不要轻易下科学或不科学的结论。至于"唯心"的方面,我就不说了。

还是用我的导师张庆先生的话作结吧——

"不怕死,争取活,活得好。"

读者诸君,看到这里一定会说:哦,原来于永正的"病中吟",非刘天华的"病中吟"啊!是的,这正是我在题目的"吟"字上加了引号的原因。

2017 年 4 月 23 日于徐州

本文发表于《小学语文教师》2017 年第 7-8 期

后记 / 让生命在文字里延续

/ 于 然 /

法国文学家托马斯·布朗说:"你无法延长生命的长度,却可以把握它的宽度;无法预知生命的外延,却可以丰富它的内涵。"

爸爸说:"如果没有尊严地只是活着,不能过上有质量的生活,那我宁愿死去。"

我却在心里一遍遍祷告:"爸爸活着就好,活着就好。"

感谢上苍,即使在爸爸患病休养期间,京剧、读书看报、写作、散步看风景,都一直陪伴着他。

爸爸说:"然然,我的生命在我的文字中延续。以后想爸爸的时候,就在我留给你的书中寻找爸爸吧。"

2017年春节,爸爸说,想写自己的教育故事,想再多留给老师们一些有价值的东西。他说,很想写上100篇,但是,自己都觉得好像有点贪心。于是,就初步定了50篇。

2017年10月的一天,我陪爸爸去医院复查。那时候,心里就有了不好的预感。可是,最怕的事情还是发生了。爸爸的病复发了!不料,爸爸自己也知道了。回家的路上,爸爸说:"然然,如果上苍能再给我半年的时间,多好哇。"

我没有说话，只是流泪。

这次复发，来势凶猛。因为血象掉得厉害，爸爸感到心慌、无力。这种情况在上午尤其明显，一上午几乎不能做什么事情。下午，当午后的阳光照进客厅的时候，是爸爸感到最舒服的时候。阳光下，他靠在沙发上，捧着笔记本写作。看着爸爸阳光下虽然苍白但是依然帅气的脸庞，我的心里满满的都是心疼。妈妈和我默默陪在一旁，偶尔轻轻问一句："累吗？"爸爸总是平静地摇摇头。在这种状态下，爸爸又写了5篇教育故事。他对我说："然然，如果上苍能再给我两个月的时间，多好！"

我转过身，泪如泉涌。

2017年11月9日中午，我陪爸爸吃过午饭，爸爸捧着他的小笔记本，微笑着对我说："然然，爸爸又写了5篇教育故事，这样就一共写出了30篇，如果加上生病这几年在杂志上发表的文章，差不多就有10万字了，刚好够编成一本书。完成这本书是爸爸最大的心愿了。爸爸这5篇教育故事，简直是画在本子上的，很难认，从现在开始，咱们把它们一篇一篇地打出来，好吗？"于是，爸爸念着，我在电脑上打着。因为当时爸爸的病日益加重，力不从心，写的字，有的连他自己都认不出来。就这样，停停想想，想想再停停，用了整整一个下午，才打出来一篇文章。

第二天，11月10日，爸爸住院了。

住院第一周，爸爸没有提书稿的事。到第二周的一天，他说："我想让常猛来医院，我读，他打出来。常猛和你一样，会五笔打字，打得很快。"常猛是爸爸的徒弟，经常周末来我家。这些教育故事几乎都是他打出来的。每次他打完文章,都要陪着爸爸一起吃午饭。可是,看到躺在病床上虚弱的爸爸,我实在不想让他再因为书稿的事耗费心力了。

我说:"爸爸,这次住院,不是说不让任何人知道吗,咱们先安心治病,等您身体恢复一些的时候,女儿帮您打最后4篇。"爸爸默许了。

我快步走出病房,泪如雨下。

2017年12月8日,爸爸走了。

我捧着爸爸一直放在病床边的笔记本,翻看里面密密麻麻的、很难辨认的初稿,再也控制不住自己,失声痛哭。我是要在爸爸的文字里寻找他了吗?不,我还没有做好准备,我还不能勇敢面对,我还不能坦然接受。我只想他活着,每天依然慈爱地叫我:"然然……"

常猛来了,我说起爸爸住院期间让他帮忙打书稿的事,他哭得像个孩子,哽咽着说:"姐姐,师父的字,我认得。我拿去抠,抠不出来再一起商量。"

罗曼·罗兰说:"幸福是灵魂的一种香味。"我想,爸爸这一生是幸福的,因为,爸爸此生深爱的语文教育是他灵魂的香味。爸爸的生命长在语文教育里,也必将在语文教育里延续。

爸爸,您生前对我说:"然然,如果真的有灵魂,爸爸一定会保佑你的。"爸爸,您知道吗?自从您离开了我,我就坚信有灵魂,因为,这是我们联系的方式。今天,您心心念念的这本书就要出版了,您笑了吧?

2018年4月22日